AUTRES PUBLICATIONS DE L'AUTEUR

Ouvrages de l'Auteur

- DICTIONNAIRE DU GÉNIE CIVIL – Conseil International de la Langue Française (CILF) – Paris - 1997
- DICTIONARY OF CIVIL ENGINEERING – Kluwer Academic Publisher puis Springer – New-York – 2004
- DICTIONNAIRE ÉTYMOLOGIQUE DES ANGLICISMES ET DES AMÉRICANISMES (3 volumes) - (Réédition) – Books On Demand (BOD) – 2013
- NOUVEAU RECUEIL DE CITATIONS ET DE PENSÉES - (Réédition) – Books On Demand (BOD) – 2013
LES OUVRAGES DE GÉNIE CIVIL - Books On Demand (BOD) – Décembre 2013

Rééditions de livres par les soins de M, KURTZ

- LA BRETAGNE VIVANTE (Réédition) – Books On Demand (BOD) – 2012
- FÊTES ET COUTUMES POPULAIRES (Réédition) – Books On Demand (BOD) – 2012
- LES BRETONS - (Réédition) – Books On Demand (BOD) – 2012
- LA VIE EN CHEMIN DE FER - (Réédition) – Books On Demand (BOD) – 2013
- LES BÊTISES SACRÉES - (Réédition) – Books On Demand (BOD) – 2013
- L'ART DE PAYER SES DETTES ET DE SATISFAIRE SES CRÉANCIERS SANS DÉBOURSER UN SOU, ENSEIGNÉ EN 10 LEÇONS - (Réédition) – Books On Demand (BOD) – 2013
- GUIDE PRATIQUE DES TRAVAUX MANUELS - (Réédition) – Books On Demand (BOD) – 2013
- DICTIONNAIRE CRITIQUE DES RELIQUES ET DES IMAGES MIRACULEUSES (3 volumes) - (Réédition) – Books On Demand (BOD) – 2013

PERRON

LA LORRAINE

Boivin & Cie Éditeurs

HISTOIRE DE LA LORRAINE

NOTRE BELLE FRANCE

*****

HISTOIRE DE LA LORRAINE

Par

J. PERRON
Inspecteur d'Académie des Vosges

PARIS

SOCIÉTÉ· D'ÉDITION ET DE PUBLICATIONS

13, rue de l'Odéon (VIe)

HISTOIRE DE LA LORRAINE

PREMIÈRE PARTIE

****

La Lorraine au Moyen Age

Le nom de Lorraine date de plusieurs siècles; il n'a pas toujours désigné la même étendue de pays.
Au Xe siècle, la région lorraine était très vaste : elle allait des sources de la Meuse et de la Moselle à la mer du Nord. Aujourd'hui, on appelle Lorraine la contrée comprise entre la Franche-Comté au sud, la Champagne à l'ouest, l'Alsace à l'est, la

Belgique et le Luxembourg au nord; c'est un plateau adossé au massif des Vosges, et dont les rivières principales Meuse, Moselle et Meurthe s'écoulent dans la direction du Nord. - L'histoire de ce pays, ainsi délimité, fait l'objet de ce petit livre.

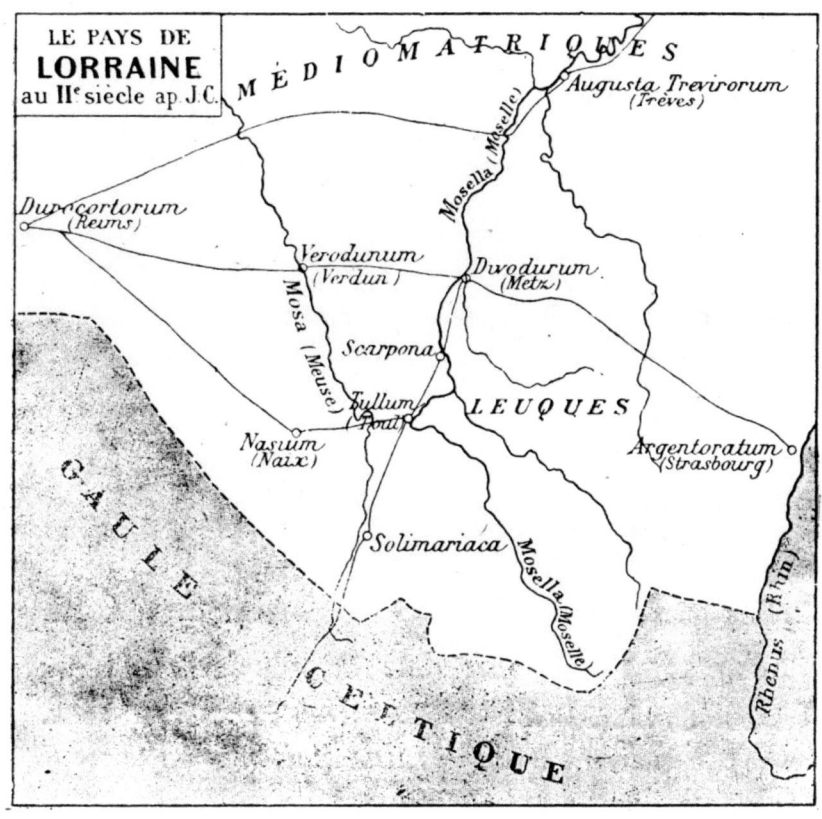

I

DES ORIGINES AUX INVASIONS BARBARES

Les premiers habitants du pays ne connaissaient pas les métaux. Pour chercher leur nourriture et pour se défendre contre les attaques de leurs ennemis, ils se servaient d'instruments d'abord en pierre taillée, plus tard en pierre polie. On a trouvé en beaucoup d'endroits, notamment près d'Allain, de Morville-lès-Vic, de Sion et de Rebeuville, des haches polies, des flèches en silex délicatement travaillées, des marteaux emmanchés.

Les hommes de cet âge lointain n'étaient probablement pas très nombreux; ils n'aimaient pas les vallées, où l'on était trop exposé aux attaques des voisins; ils préféraient établir leurs demeures au sommet des collines; soit dans le creux des rochers, soit dans des huttes qu'ils construisaient eux-mêmes, comme on le voit par le mur préhistorique de la Trinité sur le plateau de Malzéville. Ils cultivaient le blé, l'orge et le seigle; ils connaissaient les boissons fermentées; ils tissaient le lin ou l'écorce du tilleul pour s'en faire des vêtements; ils savaient confectionner des vases en terre cuite.

Les ossements d'animaux qu'on a découverts dans les tombeaux montrent qu'ils élevaient quelques animaux domestiques, comme le cheval, et le porc. Ce sont les tombeaux, du reste, qui nous renseignent le mieux sur ces temps préhistoriques; quelques-uns d'entre eux sont très curieux. À Granges, par exemple, on a découvert autour d'un squelette huit haches en silex formant auréole.

La découverte des métaux : bronze d'abord, fer ensuite, constitua un grand progrès; c'était un pas en avant vers la civilisation.

Près de Vaudrevange, aux environs de Frouard et de Rosières-aux-Salines, les archéologues ont trouvé de nombreux objets en métal, qui remontent à cette époque : haches de toute forme, faucilles, couteaux, rasoirs, armes, poignards, épées, lances et flèches. Les colliers, épingles, bracelets et anneaux montrent que les femmes aimaient déjà les parures. On a découvert aussi des poteries, des pièces de harnachement fort compliquées.

Les habitations sont descendues dans la plaine, sans doute parce que la sécurité était plus grande qu'auparavant. Les cimetières, dont les traces nous restent, révèlent des populations pacifiques, car les tombeaux ne renferment pas d'armes.

Vers le IVe siècle avant notre ère, apparurent les Celtes ou Gaulois; ils soumirent tout le pays et s'y installèrent. Quelques Germains se mélangèrent à eux; mais ils perdirent très vite le souvenir de leur origine et adoptèrent les mœurs gauloises.

HISTOIRE DE LA LORRAINE

RUINES DE L'AMPHITHÉATRE ROMAIN. GRAND (Vosges)

CLOÎTRE DE L'ABBAYE DE LUXEUIL. (Haute-Saône)

HISTOIRE DE LA LORRAINE

Deux grands peuples celtes occupèrent la Lorraine.
Au sud les Leuques, dont le territoire s'étendait jusqu'au confluent de la Meurthe et de la Moselle.
Au nord les Médiomatriques.
Au sud-ouest, les Lingons s'avançaient jusqu'aux sources de la Saône.

Il n'y avait pas de grandes villes; les Gaulois habitaient plus volontiers la campagne; c'étaient des paysans souvent très pauvres. Ils vivaient des produits de l'agriculture ou de la chasse; les forêts des Vosges étaient giboyeuses et renfermaient des bêtes étranges, énormes survivances d'espèces disparues. Ils se réunissaient parfois pour organiser une expédition militaire ou pour entendre les récits des voyageurs et des guerriers; car, en Lorraine comme ailleurs, les Gaulois étaient sensibles à l'éloquence et à la gloire des combats.
La richesse était très inégalement répartie. Au-dessus du peuple, très nombreux, et qui ne comptait guère dans la société, vivait une classe aristocratique composée des grands propriétaires, à qui appartenaient l'influence et l'autorité. Cette classe noble était encore très puissante à l'arrivée de Jules César.

Les Leuques et les Médiomatriques adoraient beaucoup de dieux, non seulement des dieux tout-puissants que la Gaule tout entière avait en vénération, et dont les prêtres, appelés *druides*, étaient très écoutés, mais aussi des dieux locaux, particuliers au pays.

Tel le dieu du Donon, par exemple, qui protégeait toute la haute vallée de la Meurthe. Sur la colline de Sion se trouvait aussi un sanctuaire très souvent visité; on y a trouvé un ex-voto, dédié à la déesse Rosmerte, par un père dont le fils très malade avait, été subitement guéri. On connaît enfin le dieu Vosegus dont les autels s'élevaient dans la forêt vosgienne. Tous ces dieux se montraient exigeants; on leur sacrifiait parfois non seulement des animaux, mais aussi des hommes, superstitions absurdes et cruelles, que la conquête romaine devait faire en partie disparaître.

Cette conquête se fit sans bruit. Tandis que sur d'autres points de la Gaule, la résistance à César fut vigoureuse, héroïque même, en Lorraine aucune bataille ne fut nécessaire. Si les Leuques entendirent le bruit des armes, ils ne prirent pas part à la lutte. Peut-être envoyèrent-ils des troupes à Vercingétorix, lors du grand soulèvement qui devait aboutir à la défaite d'Alésia; César ne nous le dit pas. Ce qui est certain, c'est qu'ici comme ailleurs, la domination romaine fut facilement acceptée.
Le pays des Leuques et des Médiomatriques fit partie de la province de Belgique première avec Trêves pour capitale. Aucune colonie romaine n'y fut fondée, aucune garnison ne s'y implanta; la population resta ce qu'elle était auparavant. Le souvenir de l'indépendance disparut rapidement; on devint volontiers sujet de Rome; aucun privilège ne fut bientôt plus envié que celui de citoyen romain.

Cette soumission volontaire n'a pas lieu de nous surprendre. Jamais la Gaule n'avait été aussi heureuse que sous la domination romaine, et le pays des Leuques ne fait pas exception. Villes et campagnes jouissaient maintenant des bienfaits de la paix et de la civilisation. L'agriculture était prospère malgré les impôts de toute sorte. Des cités s'élevèrent, qui témoignaient par leur richesse de la prospérité générale ; on y voyait des constructions somptueuses et des monuments grandioses: arcs de triomphe, thermes, temples, etc., telles furent les villes de Grand; Scarpone et Naix. En certains endroits, la pioche de l'archéologue rencontre encore des débris de murs, des pierres tombales, des ruines de camps romains.

Les villes étaient réunies entre elles par des routes commodes, avec des bornes pour indiquer la distance. Toutes les routes qui traversaient notre province partaient de Reims : l'une allait de Reims à Strasbourg par Verdun et Metz; une seconde, de Reims à Toul par Naix; une troisième unissait Reims à Besançon et passait au sud-ouest du département actuel des Vosges. Enfin une voie transversale qui allait de Trèves à Lyon, traversait Nijon, Solimariaca (près de Rebeuville), Solicia (Soulosse), Toul, Scarpone, Metz. - On faisait peu de trafic sur toutes ces routes; mais c'est là que passaient les fonctionnaires et les soldats; c'est par là que les riches propriétaires, allaient visiter leurs domaines ou fréquenter les stations thermales, comme Plombières, dont les eaux étaient déjà connues et appréciées.

La présence des soldats et des fonctionnaires contribua à répandre la langue latine. Bientôt le celtique disparut et on ne parla plus qu'un latin corrompu, qui devait donner naissance plus tard à notre langue française.

La vieille religion gauloise dura plus longtemps.
Les Romains n'y prirent point garde; ils se contentèrent d'ajouter leurs divinités aux divinités celtiques. Parfois même elles se confondirent, au point que les érudits de notre temps ont peine à distinguer ce qui est gaulois de ce qui est romain. Les superstitions survécurent, sauf les sacrifices humains.
Au IIIe siècle apparurent les premiers chrétiens; ils eurent très vite converti la province. Les autorités locales les accueillirent mal; dès le début il y eut des persécutions, et, comme ailleurs, des martyrs, dont la légende complaisante a embelli la vie. Cent ans suffirent à la religion nouvelle pour remporter la victoire; il ne resta bientôt plus du paganisme que quelques souvenirs et de vieilles coutumes que les siècles ne parvinrent pas à détruire.

Dès le IVe siècle commencent les invasions barbares.

HISTOIRE DE LA LORRAINE

LACS DE RETOURNEMER ET DE LONGEMER

Les Germains d'au-delà du Rhin, pauvres et besogneux, jetaient depuis longtemps des regards de convoitise sur les terres de l'Empire romain, fertiles et bien cultivées; ils quittaient famille par famille leur pays d'origine, franchissaient le Rhin, et s'installaient en Gaule, soit comme colons, soit comme soldats; c'était une sorte de pénétration pacifique. Ce ne fut guère qu'au milieu du IVe siècle que les groupes d'envahisseurs devinrent plus nombreux et plus dangereux. Les plus terribles parmi les barbares furent les Huns, d'origine asiatique, qui traversèrent notre province sans s'y arrêter, ne laissant derrière eux que la ruine et la misère. D'autres peuples furent plus stables, comme les Alamans, les Francs ripuaires et les Francs saliens; ceux-ci élurent domicile dans le pays, et fondèrent leur puissance sur les ruines de la domination romaine.

Pour mieux résister à l'invasion, les habitants avaient pris l'habitude de se retrancher dans les villes, que l'on entoura de fortifications. Les villes fortes se construisaient de préférence sur le sommet des coteaux; la défense pouvait s'y organiser plus facilement.

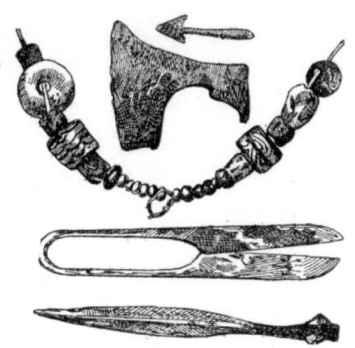

ARMES ET BIJOUX FRANCS, TROUVÉS
À NANCY.

II

LA LORRAINE DEPUIS LE COMMENCEMENT DU MOYEN ÂGE JUSQU'À LA FIN DU XIIIe SIÈCLE

La Féodalité laïque.

À l'époque mérovingienne, la Lorraine faisait partie de l'Austrasie; elle en occupait le centre. Metz était la capitale; mais les rois préféraient habiter la campagne, car ils aimaient la chasse, et le gibier abondait dans les forêts. On les trouve tantôt à Gondreville, tantôt à Layum (Lay-St-Christophe). Ils ont peine à se faire obéir des grands propriétaires, les leudes.
Quelques-uns de ces leudes devinrent très riches et très puissants. La dynastie carolingienne est issue d'une famille de leudes lorrains, la *famille* d'Herstall, qui peu à peu s'imposa aux rois mérovingiens et finit par les supplanter. Le souverain le plus célèbre de cette dynastie fut Charlemagne, qui régna de 768 à 814. Il réussit, non seulement à établir son autorité sur toute la Gaule, mais encore à fonder un Empire qui s'étendit sur toute

l'Europe occidentale. Il avait son palais à Aix-la-Chapelle, et venait parfois chasser dans la forêt des Vosges, bien plus vaste en ce temps-là qu'aujourd'hui.

L'Empire de Charlemagne ne dura guère plus longtemps que lui; ses successeurs n'eurent pas la force de maintenir l'autorité souveraine; ils restaient impuissants devant les usurpations des nobles, qui sans cesse accroissaient leurs domaines, et s'y rendaient peu à peu indépendants.

En 843, au traité de Verdun, l'Empire fut partagé entre les trois fils de Louis le Pieux : tout le pays situé à l'ouest de la Meuse fut la part de Charles le Chauve; le pays situé à l'est du Rhin échut à Louis le Germanique. La région intermédiaire, c'est-à-dire les vallées de la Meuse et de la Moselle, de la Saône et du Rhône, ainsi que l'Italie du Nord, fut donnée à Lothaire. En 855, nouveau partage : les pays de la Meuse et de la Moselle constituèrent un royaume à part, sous le fils de Lothaire 1er, Lothaire II. Ce royaume prit désormais le nom de son roi et s'appela Loherrègne, d'où le nom de Lorraine. En 959, la partie nord de la Lorraine, ou Basse-Lorraine fut séparée de la partie sud, ou Haute-Lorraine. Celle-ci seule garda son nom dans l'histoire, et ce sont ses destinées que nous avons à retracer.

L'histoire de cette époque est confuse; partout le désordre et l'insécurité. Les empereurs d'Allemagne essaient parfois d'imposer leur suzeraineté aux nobles lorrains, mais ils n'y réussissent qu'à demi, et l'hommage qu'on leur prête est sans conséquence. Le résultat le plus clair de ces interventions, c'est la guerre avec son cortège de misères, et, comme si ces épreuves n'étaient pas suffisantes, les invasions recommencent. Les Normands pénétrèrent jusqu'au cœur de la Lorraine; les Hongrois vinrent ensuite au commencement du Xe siècle, et dévastèrent le pays.

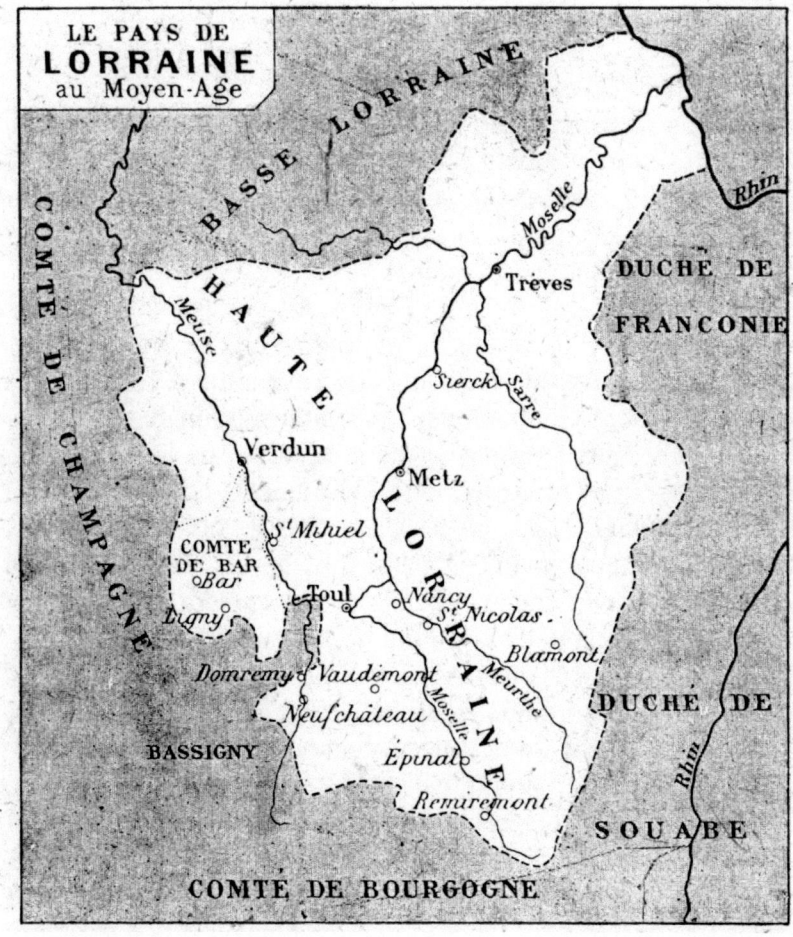

Le 20 août 917, pendant la nuit, ils assiégèrent Remiremont et semèrent la ruine dans la contrée; ce fut la « nuit piteuse ».

En l'année 1048, fut fondée la première dynastie héréditaire de Haute-Lorraine sous le duc Gérard d'Alsace; elle devait régner pendant quatre siècles. Un des ducs les plus illustres de cette famille fut Ferri III (1251-1304), type du seigneur féodal, vigoureux, actif, valeureux, doué en outre de quelque sens politique, et peut-être pacifique, si ce mot n'était pas un contresens à cette époque troublée.

Les ducs n'avaient pas de capitale; ils n'avaient que des résidences préférées : Châtenois ou Vaudémont; et pourtant, vers le Xe siècle, ils commencèrent à considérer Nancy comme leur séjour naturel. Ce n'était encore qu'une bourgade insignifiante, mais bien placée au milieu de leurs domaines éparpillés. Entre les châteaux qu'ils possédaient autour de Châtenois, sur le Vair, autour de Bitche, sur la Sarre, autour du confluent de la Moselle et du Madon, les ducs comprirent peu à peu que Nancy était une position centrale; ils s'y arrêtèrent volontiers au cours de leurs chevauchées, y signèrent leurs diplômes, y tinrent leurs assemblées de vassaux. La population s'accrut; quelques marchands vinrent s'y établir, et les maisons religieuses, qui se fondèrent dans la banlieue, consacrèrent l'importance croissante de la cité.

L'autorité des ducs s'exerce difficilement; ils ne sont obéis de leurs vassaux que lorsqu'ils sont les plus riches et les plus forts. Leur histoire n'est pas toujours glorieuse; il leur arriva plus d'une fois d'être vaincus par des coalitions de seigneurs.

Les ducs se défendaient en outre, du mieux qu'ils pouvaient, contre les empereurs d'Allemagne qui réclamaient l'hommage, contre les comtes de Champagne qui menaçaient la Lorraine à l'Ouest. L'histoire de la Lorraine ne devait être pendant longtemps qu'une longue suite d'invasions et de guerres. Michelet a parlé de « l'éternelle bataille qui a été la vie des pays lorrains ».

Au XIIIe siècle, la féodalité apparaît dans toute sa vigueur; le pays est hérissé de châteaux-forts: des maisons princières sont fondées dont quelques-unes ont encore aujourd'hui des descendants. Le Barrois forme un comté indépendant, sauf le pays situé à l'Ouest de la Meuse, pour laquelle le comte de Bar prête serment au roi de France, et qui s'appelle Barrois *mouvant*. Les cadets de la maison ducale de Lorraine, possèdent le comté de Vaudémont, qui englobe au sud tout le Xaintois. Ils se révoltaient fréquemment contre les ducs leurs aînés. Solidement installés sur la montagne de Sion, sorte de forteresse inexpugnable, ils en sortaient de temps à autre pour piller les terres voisines, et ramener des prisonniers dont ils espéraient tirer rançon. Les guerres féodales ressemblaient à des guerres de bandits. D'autres seigneuries sont moins puissantes, comme celles de Lunéville, Blâmont, Gerbéviller, Salm, Bayon, Bulgnéville, Fénétrange, Haussonville, Lenoncourt. Quel enchevêtrement de domaines!

MUR PRÉHISTORIQUE DE LA TRINITÉ.

L'Église lorraine au Moyen Age, Clergé régulier, Clergé séculier.

À côté des seigneuries laïques s'étaient fondées des seigneuries ecclésiastiques; leur origine remonte à l'invasion des barbares.

Les invasions avaient arrêté le progrès du christianisme : la conversion était à recommencer; elle fut l'œuvre des moines.
Vers la fin du VIe siècle, un moine irlandais, Colomban, fonda le monastère de Luxeuil, qui servit bientôt de modèle à beaucoup d'autres. Le monastère du Saint-Mont, près de Remiremont, dut sa naissance à saint Amé et à saint Romaric; celui de Galilée à l'irlandais saint Dié. Puis apparurent Etival, Senones, Moyenmoutier, près de Saint-Dié; Bonmoutiers, près de Badonvillers. Tous ces monastères dépendaient du diocèse de Toul. Au diocèse de Metz appartenaient les monastères de Gorze, de Saint-Clément, de Saint-Symphorien ; au diocèse de Verdun, les monastères de Saint-Mihiel, de Saint-Vanne et de Beaulieu.
Les moines jouèrent un rôle bienfaisant; ils remuèrent les terres incultes et défrichèrent les forêts; ce sont eux qui construisirent les premières demeures dans la forêt vosgienne. Quelques-uns d'entre eux étaient instruits et fondèrent des écoles, comme le chanoine Chrodegang à Metz et l'abbé Smaragde à Saint-Mihiel. Mais si les abbés étaient parfois distingués, le troupeau des moines était bien grossier. La règle de saint Colomban semble faite pour des barbares et laisse deviner la sauvagerie de l'époque; elle prescrit à chaque faute une quantité imposante de coups de bâton. Les mœurs des moines n'étaient pas toujours très bonnes; parfois les ducs devaient intervenir, comme à Saint-

CATHÉDRALE DE TOUL.

Dié, où les moines indignes furent remplacés par des chanoines.

Les moines et chanoines ne vivaient pas seulement du produit de leur travail; ils percevaient la dîme et d'autres redevances assez nombreuses. Les serfs qui vivaient sur les terres des chanoines de Saint-Dié devaient récolter pour eux le foin et le blé ou se libérer par une somme d'argent; ils hébergeaient trois fois par an les officiers judiciaires du chapitre : ils payaient pour le droit de « glandée », et pour le droit de vendre leurs denrées; à Pâques, ils apportaient aux chanoines des œufs et des poulets. Si les chanoines organisaient une chasse, les habitants étaient tenus de faire la pâtée à leurs chiens.

Le clergé séculier n'était pas moins puissant que le clergé régulier. Il y eut de bonne heure en Lorraine trois évêchés : Metz, Toul et Verdun. Les évêques, appartenant tous à des familles féodales, songeaient surtout à agrandir leurs domaines, tout comme des seigneurs laïques, et se rendirent peu à peu indépendants vis-à-vis des ducs. Metz avait plus de deux cent cinquante paroisses. Toul avait quatre lieues de terres autour de la ville, et plusieurs châtellenies; Verdun était plus pauvre.

Le rôle des évêques était multiple; il leur fallait une grande activité pour remplir dignement leur office. Nous savons par exemple, par les lettres de Frothaire, ce que devait faire un évêque de Toul au IXe siècle. Il avait à défendre le domaine de son église contre les convoitises des seigneurs laïques, à entretenir les monuments religieux, à nourrir les pauvres; il veillait (et ce n'était pas toujours facile) à maintenir la concorde entre les membres de son clergé; il visitait les abbayes de son diocèse pour y faire sentir son autorité; il se faisait louvetier et organisait des battues dans la forêt de Haye pour exterminer les fauves. Il assistait aussi souvent que possible aux assemblées carolingiennes, et apportait au souverain des présents en nature ou en argent ; il mettait en état la villa de Gondreville lorsque l'empereur Louis le Pieux devait venir y passer quelques semaines pour chasser ou pêcher; il devait même le service militaire!

Mais ces services et ces redevances cessèrent avec la chute de l'Empire carolingien. Les évêques, comme les abbés, ne furent plus astreints qu'aux charges ordinaires de la féodalité; ils visaient à l'indépendance, comme les seigneurs laïques, et les ducs de Lorraine n'eurent peut-être pas de vassal plus turbulent que l'évêque de Metz. Les évêchés furent donnés au plus offrant, et les clercs se laissèrent aller à la corruption sous la direction de prélats qui donnaient l'exemple. - Au XIIIe siècle, l'évêque de Toul était un certain Mathieu, à qui on avait déjà donné le canonicat vers l'âge de 6 ans. Évêque à 28 ans; il dilapida les biens de son église, au point que ses chanoines osèrent l'accuser publiquement. Furieux, il fit enlever par des soldats le doyen du chapitre, et, le plaçant sur un âne, les pieds liés sous le ventre de l'animal, le fit promener dans les rues de la ville. Il fallut l'intervention du pape Innocent III pour déposer cet évêque indigne.

VASE GAULOIS
DES ENVIRONS DE SCARPONE.

Le Mouvement communal en Lorraine.

Les luttes entre les différents pouvoirs féodaux eurent au moins un heureux résultat ; elles permirent aux villes de se développer et de s'organiser en communes.

Au XIIIe siècle, se constituent des agglomérations urbaines, dont beaucoup devaient devenir plus tard des villes importantes. Nancy, qui jusqu''alors comme nous l'avons vu, n'était qu'une petite bourgade sur les bords de la Meurthe, devint définitivement la résidence ducale sous Mathieu 1er. Saint-Nicolas du Port, fondé autour des reliques de saint Nicolas, s'agrandit rapidement, à cause de son heureuse situation; par le commerce qui s'y développa rapidement, par ses puissantes corporations de drapiers et de bouchers, elle put être considérée comme une des plus grandes villes du duché. Épinal naquit autour d'un monastère, où étaient enfermées les reliques de saint Goëry, évêque de Metz. Bar tire son origine d'un château-fort, fondé par le duc Frédéric Ier pour se préserver des incursions des Champenois. Saint-Dié s'agrandit autour du monastère de son fondateur; Toul, Verdun, Metz, devinrent très vite, grâce à leur évêque, d'importantes cités.

Ces villes naissantes n'échappèrent pas au mouvement communal, qui avait déjà gagné le royaume de France. Les ducs le favorisèrent en général, pour faire échec à leurs vassaux; le comte de Champagne y travailla de son mieux pour nuire à son voisin de Lorraine; les évêques même et les abbés ne s'y montrèrent point hostiles.

Eglise Saint-Nicolas du Port au XVIIe siècle.

C'est Neufchâteau qui, la première, fut érigée en commune (1231). La charte, qui fut accordée aux bourgeois, porte que, chaque année, le jour de la saint Rémy (1er octobre), ils éliront 13 magistrats nommés jurés; ceux-ci choisiront l'un d'entre eux pour être maire. Les jurés administreront la ville et jugeront les procès qui pourront survenir entre les habitants. Ceux-ci eurent l'occasion de mettre à profit leurs privilèges. Au commencement du XIVe siècle, ils accusèrent le duc de falsifier les monnaies; le duc ayant fait arrêter les bourgeois qui le calomniaient, une sédition éclata, et le suzerain dut mettre en liberté les prisonniers. Ce qui importait aux habitants des villes, ce n'était pas seulement de s'administrer eux-mêmes par l'institution de corps élus, c'était de mettre un terme aux exigences des seigneurs et de fixer les redevances qu'ils leur devaient. En 1182, la petite ville de Beaumont-en-Argonne obtint de l'archevêque de Reims un certain nombre de franchises qu'on appela la loi de Beaumont.

L'arbitraire et le bon plaisir du seigneur étaient remplacés par un régime qui garantissait la liberté des personnes et la sécurité des biens.

Cette charte devait se répandre dans tout le duché; à Frouard, Châtenois, Bruyères, Dompaire, Lunéville, Nancy, Saint-Nicolas, Gerbéviller. La vie urbaine y apparait avec ses foires régulières, ses élections municipales, ses fêtes si nombreuses et auxquelles, toutes les classes sociales s'intéressent: histoire tourmentée, mais moins sanglante qu'en Flandre. Ce sont, à l'abri du système féodal, les premiers pas faits vers un régime meilleur que la féodalité.

La condition des paysans est moins enviable que celle des bourgeois. Ils vivent sur les terres ecclésiastiques ou laïques, et paient toutes les redevances que l'on exige des serfs. Leur situation n'est ni meilleure ni pire que celle des serfs du royaume de France. Ils habitent de petits villages, dont la plupart existent encore aujourd'hui. Ils sont exposés aux ravages des gens de guerre, et parviennent difficilement à nourrir leur famille. Le temps de leur émancipation est encore lointain.

D'autres fléaux les guettaient qui faisaient parfois parmi eux des milliers de victimes. La lèpre pénétra en Lorraine comme dans toute la France. C'était un terrible fléau qui rongeait tout le corps et qui s'attaquait même aux os. Le mal étant contagieux, on eut l'idée de fonder des maisons spéciales pour les « bonshommes »; c'est ainsi qu'on appelait les lépreux. Il y eut à Nancy un établissement de ce genre, et l'internement des lépreux s'y faisait de façon solennelle.

« Couverts d'un voile noir, ils étaient conduits, au son des cloches, devant le portail Saint-Èvre. Le curé, revêtu de l'aube et de l'étole les aspergeait d'eau bénite, les menait dans l'intérieur de l'église, les plaçait sous un drap noir, et lisait l'Évangile. Après la communion, il leur remettait une housse ou longue robe, un baril, une cliquette, des gants et une panetière, et il prononçait ces paroles rituelles : « Prenez et revêtez, en signe d'humilité cet habit sans lequel je vous défends désormais de quitter votre maison, au nom du Père, du Fils, et du Saint-Esprit. Prenez ce baril pour y mettre ce qu'on vous donnera à boire, et je vous défends expressément de vous désaltérer dans les rivières, ruisseaux, fontaines et puits communs, de vous y laver ou d'y laver vos draps, vos chemises et tout ce qui aurait touché votre corps. Prenez cette cliquette pour vous souvenir qu'il vous est interdit de parler à qui que ce soit, si ce n'est aux personnes attaquées du même mal que vous. Si vous ne pouvez vous en dispenser et si vous avez besoin de quelque chose, vous le demanderez au son de cette cliquette, et en vous tenant loin des gens et au-dessous du vent. Prenez ces gants; ils vous rappelleront que vous ne pouvez rien toucher les mains nues, si ce n'est des choses qui vous appartiennent, et ne doivent passer entre les mains de personne. Prenez cette panetière pour y placer ce qui vous sera donné par les gens de bien, et n'oubliez pas de prier Dieu pour vos bienfaiteurs. » Puis, en procession, on conduisait le malheureux à sa cellule en chantant des litanies, et le prêtre prononçait la formule : « C'est ici mon repos au siècle des siècles. *Hæc requies mea in secula seculorum.* » Le lépreux était mort au monde: il ne pouvait plus sortir que par exception. Et pourtant on raconte qu'au quatorzième siècle, devant la collégiale Saint-Georges, se trouvait une petite loge où un lépreux tendait, au bout d'une longue perche sa sébile aux passants.

SCEAU DE LA CITÉ DE METZ.

III

LA LORRAINE AU XIVᵉ ET AU XVᵉ SIÈCLE
JEANNE D'ARC

Le mariage de Philippe le Bel, roi de France, avec l'héritière de la Champagne eut pour conséquence de faire pénétrer en Lorraine l'influence Française. Les ducs de Lorraine oublièrent presque les liens qui les rattachaient à l'Empire. On les vit, pendant la guerre de Cent Ans, lutter dans les armées françaises contre le roi d'Angleterre, Édouard III; deux ducs moururent à Cassel et à Crécy. Sous le règne du roi Charles VI, les chevaliers de Lorraine prirent part à la guerre civile qui désola le royaume de France, et se rangèrent d'abord dans le parti des Armagnacs, puis dans celui des Bourguignons. Plus tard, le duc Charles II secourut le roi Charles VII dans la conquête du royaume sur les Anglais.

Époque funeste à la Lorraine, comme à la France ! La peste noire se répandit dans le duché, et fit mourir le quart des habitants. Les « routiers » envahissaient le Pays pendant les intervalles de paix : ils étaient groupés en grandes Compagnies et vivaient de rapines; volontiers ils s'unissaient aux seigneurs révoltés contre les ducs. Après le traité de Brétigny, ils occupèrent le Barrois, qu'ils ravagèrent, et se dirigèrent vers l'Alsace. Les ducs eurent beaucoup de peine à s'en débarrasser;

il leur fallut dix ans pour rejeter au dehors ces « maudits chiens enragés ». Au XVe siècle, ce fut le tour des *Écorcheurs*, qui ne le cédaient en rien aux précédents en férocité.

Une douce figure, celle de Jeanne d'Arc, apparaît sur ce théâtre sanglant, et console un peu de tous ces malheurs. Elle était née en 1412 à Domrémy, à quelques kilomètres au nord de Neufchâteau, sur la frontière de la Lorraine et de la Champagne. Elle était fille de cultivateurs aisés, qui eurent beaucoup à souffrir pendant la guerre de Cent Ans. Les Bourguignons, pour qui tenaient les habitants de Maxey-sur-Meuse, village voisin, envahirent même Domrémy en 1428, et les parents de Jeanne durent se réfugier à Neufchâteau avec leurs enfants et ce qu'ils purent emporter de leurs meubles.
De bonne heure, Jeanne garda les troupeaux de son père sur le flanc du « Bois Chesnu ». Élevée dévotement par sa mère, Isabelle Romée, elle allait souvent à l'église, où elle priait ardemment. Comme beaucoup d'esprits de son temps, elle pensait pouvoir entrer en communication avec Dieu par l'intermédiaire des saints; elle croyait voir saint Michel, sainte Catherine et sainte Marguerite, qui l'appelaient « fille de Dieu », et lui assuraient qu'elle était désignée par Dieu pour sauver la France des Anglais.
À seize ans, elle partit pour Vaucouleurs, terre royale, où commandait, le sire de Baudricourt; elle lui parla de sa mission; mais Baudricourt se mit à rire, et conseilla de la ramener à ses parents « bien souffletée ». Jeanne revint une seconde fois, et insista si fort que Baudricourt, après s'être assuré qu'elle n'était point sorcière, demanda des ordres à Charles VII.
En attendant la réponse, elle partit pour Nancy où elle vit le duc Charles II, qui probablement l'avait fait demander. Le duc, très malade depuis longtemps, ne pouvait obtenir sa guérison des

médecins. Jeanne, que déjà beaucoup de personnes considéraient comme une sainte, fut consultée à son tour. Arrivée devant Charles II, elle lui reprocha les désordres de sa vie privée, et l'engagea à reprendre sa femme dont il s'était séparé.

Charles ne lui tint pas rigueur; il voulait même faire placer son image dans une chapelle qu'il avait fondée à la collégiale Saint-Georges de Nancy; il ordonna au sculpteur de donner ses traits à l'une des bergères qui devaient figurer dans un bas-relief représentant « l'Adoration des Mages.» Il lui donna « quatre francs » pour l'indemniser de son voyage, et lui fit cadeau d'un cheval. Jeanne fit ensuite un pèlerinage au célèbre sanctuaire de saint Nicolas, patron de la Lorraine.

Revenue à Vaucouleurs, elle y trouva l'autorisation royale. Les habitants se cotisèrent pour l'équiper, et elle se mit en route pour Chinon, accompagnée seulement de deux hommes d'armes.

L'enthousiasme et l'énergie de cette pauvre fille rendirent courage aux armées royales; elle les entraîna à la victoire. Orléans fut repris, et quelques mois plus tard, Charles VII rentra dans sa bonne ville de Reims, où il fut sacré, aux côtés de Jeanne qui tenait la bannière de France.

Puis commencèrent pour elle de dures épreuves. Les capitaines jalousaient sa renommée; le roi lui-même l'abandonna. Elle voulut marcher sur Paris; mais le troupeau de ses fidèles diminuait de jour en jour; elle n'avait plus avec elle que quelques chevaliers lorsqu'à Compiègne elle fut faite prisonnière par les Bourguignons qui la vendirent aux Anglais. Ceux-ci la firent juger et condamner à mort comme hérétique par un tribunal d'ecclésiastiques. Le 30 mai 1431, elle fut brûlée vive à Rouen.

BATAILLE DE NANCY.
(D'après DELACROIX. — Musée de Nancy).

LA MAISON DE JEANNE D'ARC A DOMRÉMY.

Son souvenir est resté vivant à travers les siècles; tous les Français, sans distinction de parti et de croyances gardent précieusement son image « comme la plus touchante personnification du patriotisme que l'histoire ait jamais offerte à l'admiration d'un peuple ».

Pendant que Jeanne grandissait au milieu des siens, se préparait en Lorraine un grand événement : l'annexion du Barrois, jusqu'alors indépendant, par l'avènement d'une nouvelle dynastie ducale.
Le duc Charles II n'avait pas d'enfant mâle; sa fille Isabelle épousa René d'Anjou, dont la mère, Yolande, était héritière du duc de Bar. En 1431, à la mort de Charles II, René vint à Nancy prendre possession de la Lorraine. Ce n'était pas une chose facile; car la branche cadette de la vieille maison ducale, représentée par Antoine de Vaudémont ne voulut pas reconnaître René et appela à son secours les Bourguignons. Il fallut combattre. Le choc des deux armées eut lieu à Sandaucourt, entre Bulgnéville et Châtenois. René fut battu et resta prisonnier pendant 5 ans. Mais ses partisans luttèrent pour lui, et la guerre ne prit fin qu'en 1441 par le mariage de Ferri, fils d'Antoine de Vaudémont, avec Yolande, fille de René. De ce mariage devait naître le célèbre René II.

Le duc René 1er, rendu à la liberté, se lança dans des entreprises lointaines. Il songeait au royaume de Naples, sur lequel il avait des droits, et leva de grosses sommes d'argent en Lorraine pour cette conquête chimérique. Heureusement, le duché fut administré en son absence par de bons régents : les évêques de Metz et de Verdun, les sires du Châtelet, de Fénétrange et de Lenoncourt.
C'est sous le règne de René Ier qu'Épinal fut annexé au domaine

ducal. La ville avait fait partie jusqu'alors du domaine des évêques de Metz, et n'avait pas à s'en louer, Les évêques exigeaient d'elle, et à des intervalles très rapprochés, des impôts très lourds. Les habitants résolurent de secouer le joug. Comme le roi de France, Charles VII se trouvait dans la région lorraine, en expédition contre les Écorcheurs, les Spinaliens se donnèrent à lui. « Le 4 septembre 1444, ils jurèrent devant l'église Saint-Goëry, en présence de Pierre de Brézi, lieutenant de Charles VII, de rester « bons et loyaux et vrais obéissans sujets du roy de France, comme ses propres hommes et ses bonnes villes. » Quelques jours après, le roi lui-même fit son entrée dans Epinal au son des cloches, et déclara la ville annexée à la couronne. « C'était, après Vaucouleurs, la première ville de la région lorraine annexée à la France. »

Mais, quelques années plus tard, Louis XI, qui avait d'autres soucis, l'abandonna, et Épinal choisit pour seigneur le duc de Lorraine.

STATUE DE JEANNE D'ARC
À NANCY.
(Par FRÉMIET).

DEUXIÈME PARTIE

L'Âge moderne.

****

LE DUC ANTOINE.
(D'après une gravure du temps.)

LE DUC CHARLES III.
(D'après une gravure du temps.)

L'époque féodale a pris fin; le duché de Lorraine est constitué, tel qu'il demeurera jusqu'à la Révolution française. La cohésion se fait entre les divers éléments, jusqu'alors hostiles. À lutter et souffrir pour les mêmes intérêts, les Lorrains ont pris conscience d'eux-mêmes. Le duché va vivre de sa vie propre, bien distincte de celles des provinces voisines.

Depuis l'avènement de René II (1473) jusque en 1789, l'histoire de la Lorraine peut se diviser en deux périodes : 1° De 1473 au commencement du XVIIe siècle, c'est une époque très brillante, où la Lorraine vit complètement indépendante, très attachée à ses ducs qui font belle figure en Europe; 2° Dès le commencement du XVIIe siècle, les rois de France convoitent le duché, l'envahissent à plusieurs reprises et y établissent peu à peu leur autorité. L'annexion au royaume se fait graduellement; elle est définitive en 1766, à la mort de Stanislas.

LE DUC CHARLES IV.
(D'après une gravure du temps.)

I

LES GRANDS FAITS DE L'HISTOIRE LORRAINE DU XVe SIÈCLE À 1789

L'avènement de René II consacra l'union définitive de la Lorraine et du Barrois. Ce prince fut longtemps populaire. C'était un beau chevalier, de haute taille et de riant visage. Affable et simple, il se laissait facilement aborder par ses sujets. Son nom est resté attaché à la grande victoire remportée sur Charles le Téméraire, duc de Bourgogne.

Celui-ci voulait s'emparer de la Lorraine pour joindre ses terres de Bourgogne à ses domaines des Pays-Bas. Nancy lui barrait la route; il résolut de s'en emparer. Mais René II organisa énergiquement la défense. Laissant aux bourgeois de la ville le soin de tenir en échec l'assiégeant, il s'en alla chercher du secours en Suisse et en Alsace. Son absence fut longue; les Nancéiens, las d'attendre, étaient près de succomber. Les canons de l'armée bourguignonne allumaient dans la ville de fréquents incendies, et l'on manquait d'eau pour éteindre le feu. Pour se préserver du froid, il eût fallu d'abondantes provisions de bois; on commençait à en manquer. « On arracha, pour se chauffer, la toiture des maisons, notamment celle du palais ducal. »

HISTOIRE DE LA LORRAINE

MAISON NATALE DE JEANNE D'ARC

On souffrait aussi de la faim; les vivres se faisaient rares. Déjà on mangeait les souris et les rats. Et pourtant, on feignait de vivre dans l'abondance pour donner le change aux Bourguignons. « Par un stratagème renouvelé des temps antiques, les Nancéiens suspendaient aux remparts des poules, des coqs, des chapons bien dodus, et criaient aux Bourguignons : « Quelqu'un d'entre vous est-il malade ? Donnez-lui ces volailles. Nous avons ici de quoi nous régaler; mais à vous qui creusez des tranchées, qui montez à l'assaut, il faut une nourriture fortifiante. » On organisait des processions, on promenait dans les rues les reliques des saints les plus vénérés pour obtenir de Dieu le retour de René II.

Enfin on entendit, du côté de Jarville, un cliquetis d'armes et le son des trompettes. C'était René qui arrivait: c'était le salut.

Charles le Téméraire se trouva pris entre la ville et les troupes du duc de Lorraine, il se défendit avec un courage héroïque. Le choc fut terrible. René prit d'habiles dispositions; au lieu de tomber directement sur l'ennemi, il fit, pour le cerner, un mouvement tournant vers l'Ouest. La manœuvre réussit; l'armée bourguignonne fut à moitié détruite; ceux qui restaient s'enfuirent pour échapper à la mort (5 janvier 1477).

René, qui n'avait pas vu le duc de Bourgogne dans la mêlée, se dirigea vers Nancy; il lui tardait de revoir ses fidèles sujets. Il pénétra dans la ville par la porte de la Craffe, vers sept heures du soir, à la lueur des torches, et se rendit à Saint-Georges pour remercier Dieu de sa Victoire. Quand il fut arrivé devant la place du Châtel, appelée aussi place des Dames, un spectacle curieux l'attendait : les Nancéiens y avaient amassé les têtes de chevaux, chiens, chats et rats, qu'ils avaient été contraints de manger pendant le siège. René II remercia, les larmes aux yeux, ses sujets de leur dévouement, et, ne pouvant trouver refuge dans son palais dont on avait enlevé la toiture, il passa la nuit dans la demeure d'un bourgeois.

Le lendemain, René, toujours inquiet, voulut savoir ce qu'était devenu le Bourguignon. Il parcourut le champ de bataille sans pouvoir le découvrir. Le 7 janvier seulement, près de la Commanderie Saint-Jean, un cadavre fut trouvé que l'on reconnut pour celui de Charles; il était couvert de sang; le visage avait été piétiné par les chevaux et à moitié mangé par les loups. Une vieille servante se jeta sur le corps retrouvé en s'écriant: « O mon seigneur de Bourgogne !» Il fut conduit à Nancy, embaumé, et le dimanche 12 janvier, l'enterrement eut lieu en grande pompe à la collégiale Saint-Georges.

La bataille de Nancy ne fut qu'un « petit événement de guerre ». La victoire de René II est due à sa supériorité numérique et aux fautes commises par Charles le Téméraire, qui reçut le combat adossé à un étang et à la ville de Nancy. N'ayant pas fait occuper le bois qui se trouvait à sa droite, la retraite lui devint impossible. Mais les conséquences de la bataille furent immenses. La puissance bourguignonne était à jamais anéantie. Le duché de Lorraine apparut au monde comme un État avec lequel il fallait compter. « On parlait avec enthousiasme de ce petit peuple contre lequel était venu se briser le grand duc d'Occident ». Enfin la maison d'Anjou était désormais bien assise en Lorraine; la victoire lui avait gagné les cœurs.

La double croix (déformation de la croix de saint André angevine) devint la *croix de Lorraine*; on y joignit le chardon, symbole de la résistance contre le Téméraire.

Les deux successeurs de René tiennent aussi une grande place dans l'histoire du duché. Antoine le Bon (1508-1544) sut habilement se maintenir entre le royaume de France dont l'influence se faisait de plus en plus sentir en Lorraine, et l'empire d'Allemagne, auquel le rattachaient les souvenirs du

passé. Cette situation indécise prit bientôt fin. Antoine obtint de Charles-Quint la reconnaissance de sa complète indépendance.
Il défendit la Lorraine contre les *rustauds*, paysans allemands en révolte, qui répandaient partout la terreur. Il en écrasa un grand nombre à la bataille de Saverne, mais il ne triompha de ces malheureux que par la ruse.
Charles III le Grand (1545-1608) donna tous ses soins à sa bonne ville de Nancy, qui prit rang dès lors parmi les belles capitales.

La ville ne comprenait guère à son avènement que les vieux quartiers, qui s'étendaient de la Grande Rue actuelle aux portes de la Craffe et de la citadelle. Charles III créa la villa neuve d'un bloc, le long de sept rues longitudinales, coupées de six rues « transversantes ». Ces rues, dont les principales s'appellent aujourd'hui Saint-Dizier et rue Saint-Jean, étaient tirées au cordeau, On y attira les habitants par toutes sortes de privilèges, peut-être aussi un peu par la menace et la terreur. Les deux villes restèrent unies pour l'administration mais chacune eut ses remparts, ses bastions et ses fossés.

Charles III ne fut point hostile à l'influence française : il avait du reste été élevé à la cour de François 1er. Il épousa Claude de France, fille du roi Henri II, et obtint, pour son fils Henri, la sœur de Henri IV, Catherine de Bourbon. En 1604, Henri IV qui se rendait à Metz, fut magnifiquement reçu à Nancy; des fêtes de toutes sortes furent données en son honneur.
Les Français avaient fait en Lorraine d'autres progrès plus sérieux. En 1552, les Trois-Évêchés de Metz, Toul et Verdun furent annexés par le roi de France, Henri II, au domaine royal. Ce n'était pas une perte territoriale pour le duché, puisque ces évêchés étaient depuis longtemps indépendants. Mais la

monarchie française était désormais installée au cœur de la Lorraine; l'intendant royal des Trois-Évêchés guettait la Lorraine comme une proie.

Au XVIe siècle, de simples cadets de la maison de Lorraine, jouèrent un grand rôle en France; ce furent les Guise. Claude de Guise, en 1527, avait défendu la Champagne contre les Impériaux. François de Guise était le plus fameux capitaine de son temps; c'est lui qui, après la campagne de 1552, défendit Metz contre tout retour offensif de Charles-Quint; c'est lui aussi qui, dans la guerre avec l'Espagne, en 1558, sauva la France par la prise de Calais, que les Anglais possédaient en France depuis deux siècles.

Avec son frère, le cardinal de Lorraine, il eut une grande influence à la cour des rois de France : il fit même épouser à l'un d'eux, François II, sa nièce Marie Stuart; enfin les Guise prirent part aux guerres de religion, et ils y furent si puissants qu'ils parurent un instant menacer la dynastie des Valois, qui régnait sur la France.

Avec le règne de Charles IV (1624) commence une époque funeste; jamais peut-être la Lorraine ne fut plus malheureuse qu'au XVIIe siècle. La faute en retombe certainement sur le duc Charles IV, sorte d'aventurier égoïste, assez bon général, mais sans esprit politique et sans dignité de vie. Il se trouva qu'en face de lui la royauté française était dirigée par un ministre de génie qui savait parfaitement où il voulait en venir, et qu'aucun obstacle n'arrêtait; le cardinal de Richelieu. La Lorraine n'était-elle pas sur le chemin de l'Alsace, dont on projetait de faire la conquête?

C'est le duc qui provoqua le roi. Il reçut sur ses terres le frère de Louis XIII, Gaston d'Orléans, un aventurier comme lui, qui conspirait contre Richelieu, et lui donna sa sœur en mariage.

Les Misères de la Guerre.
(D'après J. Callot, graveur lorrain.)

Le Chateau de Choiseul a Stainville (Meuse).

Richelieu fit envahir la Lorraine. Le duc n'eut pas le temps de rassembler les troupes nécessaires à la défense; il dut s'enfuir de Nancy sous un déguisement, et abdiqua en faveur de son frère.

Dès lors le détail de sa vie est impossible à suivre; il revint dans son duché à plusieurs reprises, prêta son épée aux ennemis de la France, et fut fait prisonnier deux fois.

Pendant qu'il errait de ville en ville à la recherche des plaisirs autant que des alliés, les Français soumettaient peu à peu le pays. Les maréchaux de la Force et de la Ferté s'emparaient successivement de toutes les places fortes qu'ils démolirent entièrement.

Un des épisodes les plus célèbres de cette guerre acharnée fut le siège de la Mothe, place forte située dans la haute vallée de la Meuse, sur la frontière de la Champagne. Elle était bâtie sur une colline d'accès difficile, et avait été fortifiée avec soin.

Les vivres et les munitions y abondaient; mais elle n'avait que 220 soldats commandés, il est vrai, par un habile homme de guerre, M. de Choiseul. Toute la population prit part à la lutte: les femmes elles-mêmes étaient armées, bravaient l'ennemi et faisaient au besoin le coup de feu. Un capucin le père Eustache, frère de M. de Choiseul, n'osant, par scrupule se servir d'un mousquet, faisait rouler des pierres sur les assiégeants. Mais l'artillerie du Maréchal de la Force fit merveille; les boulets enfilaient les rues, crevaient les maisons et les murailles. La forteresse tombait en ruines; M. de Choiseul fut tué. Au bout de quatre mois, une large brèche fut ouverte, par où se précipitèrent les assaillants. Ils furent encore repoussés, mais les vivres étant épuisées, il fallut se rendre quelques jours plus tard. La capitulation fut honorable. La garnison qui ne comptait plus qu'une centaine d'hommes valides, sortit avec armes et bagages, tambour battant et enseignes déployées (1634). Onze ans plus

tard, eut lieu un nouveau siège (1645) suivi également d'une capitulation. La forteresse fut démolie pierre par pierre, malgré les promesses faites, et les habitants durent se réfugier dans les bourgades voisines.
Longwy se défendit avec la même énergie, et n'eut pas un sort plus heureux.
Les événements de l'invasion française en Lorraine revêtent parfois un caractère si romanesque, qu'on pourrait les croire fantaisistes. Aucune princesse ne courut des aventures plus extraordinaires que Marguerite de Lorraine, épouse de Gaston d'Orléans, sœur du duc Charles IV et du cardinal Nicolas-François.
Au mois d'août 1633, elle se trouvait enfermée dans Nancy, avec son frère le cardinal, par les troupes du roi de France Louis XIII. Charles IV était retiré à Épinal. Il fallait à tout prix empêcher la princesse de tomber entre les mains des Français. « Déjà à deux ou trois reprises, on avait essayé de mettre la princesse en sûreté et de lui faire gagner les Pays-Bas; mais toutes ces tentatives avaient échoué ... Il n'y avait plus un moment à perdre. Aussi, sur les conseils de Nicolas-François, Catherine de Lorraine, abbesse de Remiremont, réveilla sa nièce au matin du 4 septembre, elle la revêtit d'habits d'homme : haut-de-chausse, pourpoint de drap d'Espagne noir, perruque, bottes avec éperons, la plume au chapeau, l'épée au côté; elle lui ternit le visage et les mains avec une composition de poudre et de safran. Marguerite, ainsi déguisée, alla faire une dernière prière à l'église du monastère, et elle sortit par la petite ruelle qui donne sur la rue de la Hache. Son frère, le cardinal, l'attendait dans son carrosse : c'était un dimanche. On ne tarda pas à atteindre les avant-postes français; le maréchal de camp, qui commandait de ce côté, n'était pas encore levé : on lui apporte le passe-port du cardinal qui est en règle, et il ordonne de laisser passer, faisant même

présenter ses compliments au prélat. Les officiers de garde remarquèrent bien ce pimpant jeune homme qui, avec une négligence affectée, se couvrait du rideau du carrosse; mais ils le prirent pour un personnage de la suite de Monseigneur. Les lignes franchies, on se rendit en grande hâte à Frouard, où Marguerite se jeta dans la forêt de l'Avant-garde. Elle y trouva un gentilhomme dévoué, le sieur la Visé, avec des chevaux; à travers les hauteurs qui dominent la Moselle, elle chevaucha toute la journée; souvent ses mains et sa figure étaient écorchées par les branches et les épines. Elle resta treize heures à cheval, et, harassée de fatigue, elle arriva le soir à Thionville, alors en Luxembourg. Elle était sauvée, elle quitta son costume et reprit ses habits de femme[1]. » Deux jours après, son mari venait la retrouver à Bruxelles.

La cause de la Lorraine fut tout à fait perdue quand les traités de Westphalie (1648) eurent donné l'Alsace à la France. Dès lors il était inévitable que la Lorraine devint française à bref délai, puisqu'elle se trouvait enserrée à l'ouest et à l'est entre les possessions du roi de France. Le traité des Pyrénées (1659), modifié par la convention de Vincennes (1661), restitua pourtant la Lorraine à Charles IV, moins Dun et Stenay. Nancy devait être démantelée.

À peine réinstallé sur le trône ducal, Charles IV recommença la guerre. L'armée française réapparut et fut plus impitoyable encore qu'autrefois. Le maréchal de Créqui fut pendant 15 ans le véritable maître du pays; il gouverna la Lorraine comme une sorte de vice-roi et vécut aux dépens de la conquête. Il se montrait très dur à l'égard des vaincus.

---

[1] Nous empruntons tous ces détails au savant M. Ch. PFISTER, dont les travaux remarquables nous ont toujours été d'un précieux secours.

HISTOIRE DE LA LORRAINE

Le Marais où fut retrouvé le corps de Charles le Téméraire.

S'étant emparé d'Épinal en 1670, il oublia ses promesses de pardon, et envoya les défenseurs aux galères.
Tous ces maux ne devaient prendre fin qu'en 1697, au traité de Ryswick. Le duché fut rendu au petit-neveu de Charles IV, Léopold; mais la Lorraine devait laisser dans l'avenir libre passage aux troupes françaises. Longwy était rattaché au domaine royal. Les remparts de Nancy seraient complètement détruits. Les Lorrains assistèrent consternés à la démolition; quelques-uns durent y travailler eux-mêmes.
La Lorraine sortait meurtrie de ce siècle de guerres. Pendant de longues années, les Français et leurs alliés les Suédois s'étaient rués sur le pays comme des sauvages. Quelques villes, jadis prospères, tombèrent dès lors en décadence.
C'est l'époque où Saint-Nicolas, riche et puissante cité, fut dévastée par les armées ennemies. Elle était devenue, au cours du seizième siècle, un centre de commerce très fréquenté; les pèlerins y accouraient chaque année pour implorer la protection du saint. On comprend qu'elle ait inspiré aux bandes de soudards, qui depuis longtemps parcouraient la contrée, l'idée de la piller. Mal payés, absolument étrangers à toute idée de patrie et d'humanité, les soldats du temps se dédommageaient des souffrances de la guerre par le vol, et le meurtre ne les arrêtait point. Les maisons de Saint-Nicolas furent mises à sac; la plupart des habitants périrent; les autres prirent la fuite. Les pillards ne respectaient ni les vieillards, ni les enfants; quelques femmes, victimes des derniers outrages, furent traînées nues à la queue des chevaux. L'incendie détruisit presque toutes les maisons. L'église même, dont on pouvait admirer de loin, les tours hardies, ne fut pas épargnée. « Les Suédois portèrent jusque sur les galeries supérieures des masses de fagots qu'ils allumèrent tous à la fois. Dégradées jusqu'au sommet, les hautes tours ne croulèrent point, mais elles gardent encore les traces

visibles de la flamme et de la résistance qu'elles lui ont opposées. » La population fut réduite à quelques centaines d'habitants. C'en était fait de cette florissante cité, elle ne s'est pas relevée depuis (1635).
Les campagnes connurent la plus affreuse misère. On ne pouvait plus cultiver. La famine sévit: on mangea de la chair humaine. Plusieurs villages disparurent. La férocité des Suédois est restée dans la mémoire des paysans; aujourd'hui encore, les mères menacent des Suédois les enfants désobéissants.

Le typhus, la disette, la peste firent autant de ravages que la guerre. Dès 1625, la peste se déclarait à Metz. Charles IV prit quelques mesures pour l'empêcher de s'étendre à la province toute entière, et pour interdire l'entrée des suspects à Nancy. On soumettait à des fumigations les matelas, les livres et les papiers; des fonctionnaires spéciaux, appelés « aéreurs », furent chargés d'aérer les maisons souillées. Une maison fut fondée à Maréville pour recevoir les malades.
« Naturellement pendant la contagion, la vie sociale fut interrompue à Nancy. La ville était morne et sombre. Défense était faite aux habitants de sortir à 9 heures du soir, à moins de besoin extrême, et dans ce cas, ils devaient être porteurs d'une lumière et accompagnés de leurs voisins.
L'heure de la retraite était annoncée par les cloches, et l'on invitait tous les Nancéiens à prier à ce moment pour que Dieu eût pitié de la ville. Les tribunaux étaient interrompus, les boutiques fermées. Le magistrat voulait même interdire de célébrer la messe dans les églises, mais les curés refusèrent d'obéir, et l'évêque de Toul, le cardinal Nicolas François, fit lever la défense.
« Combien de personnes périrent pendant le fléau ? Il est difficile de donner une statistique, car les registres des paroisses

sont très mal tenus en ces années funestes. Ainsi, pour la paroisse Notre-Dame, on lit sur les registres des décès en 1631 : « Cent douze morts jusqu'au présent mois de juillet; les autres mois suivants, nous étions hors la ville à cause de la peste »; et nous savons que de la maison voisine de l'Oratoire deux pères seuls échappèrent à la contagion. En tout cas, la mortalité de ceux qui avaient dû demeurer fut effrayante, on peut estimer que la ville perdit un tiers de sa population. Quelques hommes illustres furent frappés. Sur les registres de la paroisse Saint-Sébastien, on lit à la date du 15 juin 1631 : « Mort de David Chaligny, maître fondeur de l'artillerie, aux loges. » Des médecins payèrent leur tribut au mal. On les voyait circuler dans la ville, très affairés, tenant en évidence un bâton blanc qui invitait les habitants à éviter leur approche. Parmi ceux qui succombèrent se trouvait l'illustre professeur de la Faculté de Médecine de Pont-à-Mousson, Charles Lepois, et c'est fort justement que son nom a été donné à une rue de Nancy.

« Avec l'automne, le fléau disparut, et la cour, qui avait cherché un refuge à Épinal, put rentrer dans sa capitale. »
Léopold (1697-1729) gouverna son duché sous le patronage du roi de France. L'esprit d'indépendance des Lorrains s'était bien atténué. Cent ans de domination française avaient forcé les dernières résistances. L'annexion réelle n'était plus qu'une question d'années. La garnison française, que Louis XIV et Louis XV entretinrent à Nancy rappelait les pénibles souvenirs du passé, en même temps qu'elle indiquait ce qui se passerait dans l'avenir.
Léopold abandonna le palais ducal de Nancy, où il aurait eu l'air d'être le prisonnier du roi de France, et transporta la Cour à Lunéville, où il se fit construire un château. Ce fut un souverain aimable, très populaire, mais peu soucieux du bon état de ses

finances; il dépensait sans compter, soit pour ses plaisirs, soit pour encourager les arts; il devait laisser le trésor ducal presque à sec. Le peuple lui pardonna volontiers, parce qu'il vécut en paix sous son règne; Léopold fit tout ce qu'il put pour rendre au pays une prospérité qu'il ne connaissait plus depuis longtemps.

Le fils de Léopold, François III, ne régna que quelques années. Il se désintéressa toujours de la Lorraine. Il épousa l'impératrice d'Allemagne Marie-Thérèse et oublia ses États héréditaires. Après la guerre de succession de Pologne, il échangea la Lorraine contre la Toscane. La Lorraine et le Barrois furent donnés au roi de Pologne dépossédé, Stanislas Leczinski.

L'avènement de Stanislas n'était qu'une annexion déguisée. Pendant ses trente années de règne (1736-66), Stanislas ne fut qu'une sorte de régisseur; il goûtait les délices du pouvoir sans en avoir les responsabilités. C'est le roi de France qui nommait les fonctionnaires et qui se réservait la direction des affaires. Un français, Chaumont de la Galaisière, vivait à la cour de Lorraine: son titre de chancelier lui donnait pleins pouvoirs pour gouverner à sa guise. - Il se montra un peu sévère. Sans ménagements pour les vieux souvenirs de l'indépendance, il fit raser les châteaux qui restaient encore debout, et donna l'ordre d'enlever les bustes des anciens ducs qui ornaient les portes de Nancy et du palais ducal. Tout prit une tournure française, même les pénalités judiciaires; les galères remplacèrent le bannissement. On n'a certainement pas usé envers la Lorraine des ménagements dont on avait fait preuve jadis envers l'Alsace. Il y eut quelques protestations, mais pas de révoltes. À peine osa-t-on élever quelques plaintes à demi respectueuses lors de l'inauguration de la statue de Louis XV sur la place Royale (1755).

HISTOIRE DE LA LORRAINE

Château de Lunéville.

Les remontrances de la Cour souveraine et de la Chambre des Comptes restèrent sans écho.

L'esprit militaire des Lorrains se fait jour ailleurs, dans les guerres d'Allemagne, au service de la France. C'est alors que s'illustre Chevert, un enfant de Verdun, qui, lors de la guerre de succession d'Autriche, fit tant d'honneur aux armées françaises. Laissé dans Prague avec quelques hommes seulement pour protéger les malades et les blessés, Chevert fut sommé de se rendre sans condition. Il répondit au général ennemi que, si on ne lui accordait pas les honneurs de la guerre, il mettrait le feu aux quatre coins de la ville et s'ensevelirait sous les décombres. Il tint parole; son adversaire fut réduit à négocier. En janvier 1743, Chevert pouvait reprendre la route de la France avec armes et bagages, et avec les honneurs de la guerre.

Stanislas laissa donc gouverner Louis XV, qui avait épousé sa fille Marie Leczinska. Il ne resta pourtant pas inactif. Bien que résidant à Lunéville comme Léopold, il n'oublia pas les autres villes du duché. Il s'appliqua surtout à embellir Nancy; il réunit la ville vieille à la ville de Charles III par un ensemble de constructions somptueuses auxquelles son nom est resté attaché. Il protégea les écrivains et les artistes, fonda une Académie. Il écrivait lui-même et se mêlait de philosophie. Il faisait d'abondantes charités. Stanislas ne fut pas un grand prince; mais il mérite son surnom de *Bienfaisant*.

Il avait gardé sur le trône, dit M. le comte d'Haussonville, les habitudes qui lui avaient tant de fois servi à tromper les ennuis de sa mauvaise fortune; il aimait la peinture et peignait lui-même, assez médiocrement il est vrai; il goûtait fort la musique et tous les arts en général : il se piquait de s'entendre en architecture et dirigeait volontiers les constructions de ses palais et maisons de campagne... Le plus vif de ses plaisirs était de causer avec des personnes, dont l'esprit fût, comme le sien, vif et cultivé, et c'est pourquoi il accueillit à sa cour le président Hénaut, le philosophe Helvétius et Montesquieu. Voltaire lui-même fut l'hôte de Stanislas. « Séjour délicieux ! écrivait-il de la résidence ducale; c'est un château enchanté dont la maîtresse fait les honneurs. »

Vers 1760, la cour lorraine devint plus silencieuse. Stanislas avait beaucoup vieilli. « Aux chagrins, aux faiblesses de l'âge, s'étaient joints les ennuis d'une incommode infirmité. Sa vue avait baissé; il ne pouvait plus lire, à peine écrire. Démesurément engraissé, la marche lui était devenue presque impossible. Son esprit était cependant resté curieux de toutes les choses de l'intelligence; son caractère avait gardé toute sa douceur et partie de son enjouement. Mais la petite cour de Lorraine était maintenant aussi paisible et terne, qu'elle avait été naguère animée et brillante. La perspective d'un changement inévitable et prochain attirait tous les yeux du côté de la France et de la cour de Versailles. Les étrangers n'accouraient plus à Lunéville. Les seigneurs du pays prenaient de plus en plus leurs habitudes à Paris. Stanislas était moins entouré; il lui fallait pour jouer au trictrac, son jeu favori, recruter sa société parmi les bourgeois de la petite ville, assez complaisants pour venir faire la partie de leur vieux souverain. C'est une assez triste fin de vie ! Celle de Stanislas se termina par une terrible catastrophe. »
« Un jour qu'il était seul assis et endormi près de la cheminée, la flamme gagna le bas de la robe de chambre ouatée dont il était vêtu. Soit en voulant sonner, soit en faisant quelque autre mouvement pour éteindre le feu, il se laissa choir et une partie de son corps tomba dans le brasier ardent. En vain il appela à son aide; les gens de service étaient éloignés; les secours furent longs à arriver. Quand on le releva, la figure, les mains et tout

un côté de sa personne étaient déjà brûlés. On voulut d'abord espérer que ces blessures seraient sans conséquences fâcheuses. Stanislas conservait dans ses douleurs atroces toute sa fermeté, sa douceur et ses façons aimables de plaisanter et de rire. « Vous m'avez recommandé, faisait-il écrire à sa fille, la reine de France, de me préserver du froid; c'est contre le chaud que vous auriez dû me dire de prendre mes précautions. » Une vieille femme de charge accourue des premières pour secourir Stanislas, avait été légèrement atteinte par la flamme. « Qui nous eût dit, répartit plaisamment le roi de Pologne, quand elle vint le lendemain dans sa chambre demander de ses nouvelles, qui nous eût dit qu'à nos âges nous devions brûler des mêmes feux ? Tant de gaieté entretenait les illusions des amis du malade. Mais les blessures étaient trop nombreuses et trop profondes. Après avoir péniblement souffert, Stanislas tomba dans une espèce d'assoupissement, contre lequel les remèdes n'agirent point; il mourut le 23 février 1766. Âgé de quatre-vingt huit ans, Stanislas en avait régné vingt-neuf sur la Lorraine .... La mort causa parmi ses sujets un deuil universel; elle ne fut pour personne un grand événement public. L'heure seulement était enfin sonnée qui devait faire de la Lorraine une province française. Le lendemain de cette mort, 24 février 1766, M. de la Galaisière, muni de pleins pouvoirs envoyés par avance de Paris, prenait définitivement possession des Deux-Duchés de Lorraine et de Bar au nom de Louis XV.»

Désormais, la Lorraine fit partie du royaume. Elle eut à sa tête un intendant, comme la province des Trois-Évêchés. Les deux intendances ne formèrent qu'un seul gouvernement militaire, avec Nancy pour centre.
Nancy méritait cette faveur. Elle était vraiment depuis longtemps la première ville de la Lorraine. C'est à Nancy que

siégeait le Parlement. L'Université de Pont-à-Mousson y fut transférée en 1768; un évêché y fut créé en 1776.

PORTRAIT DE CHEVERT
(Gravure du temps)

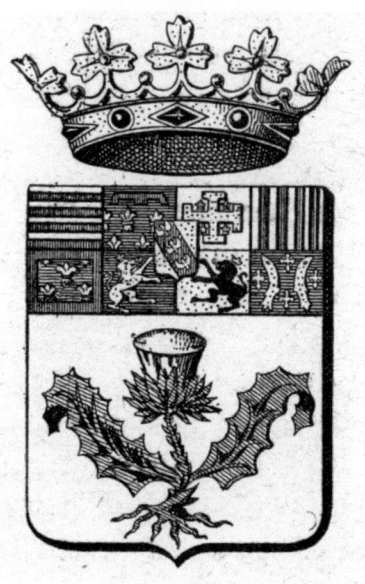

ARMES DE NANCY

II

ORGANISATION ADMINISTRATIVE DE LA LORRAINE

À l'époque féodale, le pouvoir des ducs était limité par l'assemblée des Assises, où siégeaient les grands seigneurs. C'était en outre une sorte de haute juridiction, à qui on en appelait des sentences des tribunaux inférieurs. Dès le XVIIe siècle, les Assises, qui depuis longtemps avaient perdu leur autorité, cessèrent de se réunir. - À côté des Assises, le duc convoquait parfois les États Généraux, où la noblesse était prépondérante, et qui, en échange de l'argent voté, pouvaient adresser, des griefs et des remontrances.

Dès l'avènement de la dynastie angevine, les institutions lorraines commencèrent à se centraliser entre les mains du duc, comme cela se passait en France entre les mains du roi. L'autorité ducale devint prépondérante. Assisté d'un conseil, où il pouvait appeler qui il voulait, il gouvernait en véritable souverain. Une cour se constitua avec de grands officiers, des maréchaux et des sénéchaux.

Le pouvoir ducal était représenté dans les différentes parties de la Lorraine par des baillis, auxquels obéissaient les prévôts. Il n'y eut d'abord que 3 baillis, puis 8, 11 et enfin 32. En 1686, le Barrois en avait 5.

Les baillis rendaient la justice; mais on pouvait appeler de leurs sentences, soit au tribunal des échevins de Nancy, qui avait juridiction criminelle sur tout le duché, soit à la Cour souveraine de Lorraine qui régnait à Nancy - le Barrois avait eu aussi sa Cour souveraine qui siégeait à Saint-Mihiel, et qui se fondit avec celle de Lorraine en 1634.

Le duc avait sur ses domaines des agents qui percevaient l'impôt. Celui-ci ne différait guère de ceux qui, dans le royaume de France, étaient dus au roi. Il n'y avait cependant pas de gabelle: le sel des salines ducales suffisait à la consommation du duché.

Pour la haute administration financière, il existait deux *Chambres des Comptes*, une à Nancy pour la Lorraine, une autre à Bar-le-Duc, pour le Barrois. Les procès de finances étaient d'ailleurs moins nombreux qu'en France.

Certaines villes avaient une administration à part, souvenir de l'organisation communale du moyen âge. Les bourgeois tenaient à cette vieille autonomie; ils étaient très fiers de leurs privilèges. À Nancy, la vie municipale ne fut jamais bien agitée: les habitants réservaient toutes leurs forces pour l'ennemi extérieur. L'autorité du prévôt et des trois bourgeois qui formaient le corps de ville (avant qu'un conseil municipal fût établi par Charles III) était soumise à celle du duc. Officiers ducaux et officiers municipaux faisaient bon ménage.

Au-dessous du corps de ville et, plus tard, du conseil municipal, se plaçaient d'autres officiers moins importants mais qui furent en leur temps des personnages : le roi des ribauds, qui avait la surveillance des mauvais lieux; le chasse-coquin, qui mettait la main sur les mendiants; les tabourins, qui publiaient à son de caisse les ordonnances des magistrats, ou, lors des pestes si fréquentes au XVIIe siècle, battaient toute la journée leur peau d'âne dans les rues « pour bailler passe-temps à ceux qui restaient; » enfin le réveilleur ou clocheteur des trépassés, qui se promenait la nuit pendant que dormaient les bons bourgeois et prenait garde aux voleurs et aux incendies.
Un homme de notre temps eût été étrangement surpris de rencontrer à minuit, dans les rues étroites et mal éclairées du vieux Nancy, ce funèbre personnage en longue robe blanche parsemée de têtes de mort et de larmes peintes en noir, faisant lugubrement tinter sa clochette dans le silence de la nuit en psalmodiant ce triste refrain: « Réveillez-vous, gens qui dormez, priez Dieu pour les trépassés. »

HISTOIRE DE LA LORRAINE

Chateau de Bar-le-Duc.

Hotel de Ville de Verdun.

À Épinal, le Conseil et les quatre gouverneurs n'administraient pas toujours au gré de l'évêque de Metz, au temps où celui-ci était encore le suzerain de la ville. En devenant ville ducale, elle conserva ses privilèges. Le Spinalien garda sa fierté et ses jalousies de métier, mais aussi sa ténacité et son amour de l'indépendance.

À Toul, le corps municipal était sans cesse en conflit avec l'évêque; la paix ne se rétablit qu'avec l'annexion française, en 1552 : bourgeois et évêque durent alors plier sous l'autorité du roi de France.

À Verdun, les bourgeois étaient surtout préoccupés de la défense de leur ville. Trois maîtres de la guerre présidaient aux affaires militaires et à l'entretien des fortifications; tous les habitants étaient assujettis à la garde de la cité; ils s'équipaient eux-mêmes. Quand vint l'occupation française, il y eut de perpétuels conflits entre les bourgeois et la garnison : les soldats commettaient de véritables brigandages qui n'étaient pas toujours réprimés. L'intendant fermait les yeux; on n'osait pas s'adresser à lui, tant on le craignait; on obéissait même à sa femme, comme si elle était investie d'une autorité régulière.

Bar-le-Duc ne garda son rang de capitale que jusqu'au milieu du quinzième siècle, mais les ducs de Lorraine revinrent parfois passer quelques jours au château de la Ville haute. « René 1er tint plus volontiers à Bar qu'à Nancy sa cour de ménestrels, de bouffons et de grands seigneurs. De fastueux et hauts sires lorrains, angevins, provençaux, peuplèrent les chambres de ce château et ces dames et damoiselles qu'un chroniqueur lointain y vit « besoingner sur la soie par subtils artifices ». Des hérauts somptueusement drapés de soie et de velours y commandèrent les trompettes dont les appels éveillaient les échos des collines avoisinantes et des hauts murs, Gringoire le poète y tint, sous le nom héraldique de *Vaudérnont* l'emploi de héraut d'armes; sur son signal, les « cloches d'armes » sonnèrent mille fanfares au-dessus du « bourg de Bar », et, par les rues de la ville ducale, des « ménestriers » chantèrent, en s'accompagnant de la viole, gens qu'aimait le bon roi René, Jehan, Durand et Jehan de Courcelles, tandis que des fous agitaient leurs grelots, Clément le Sot, Didier le Fol, et Jaconin le Singe. Des fêtes magnifiques s'y déroulèrent, fêtes de deuil et fêtes de joie, funérailles solennelles et baptêmes princiers, réceptions que célébrèrent chroniqueurs et poètes. Même après René, quelques ducs de Lorraine retournèrent vivre en leur château de Bar et y mourir, comme le bon duc Antoine.... Des princes qui dorment dans la Chapelle des Cordeliers de Nancy, beaucoup naquirent à l'ombre des donjons barrisiens[2] ».

À la campagne, il y avait en certains endroits des communautés rurales organisées sous l'autorité des seigneurs féodaux d'abord, puis du duc, plus tard enfin des intendants. Leur indépendance allait parfois très loin : la commune de la Bresse par exemple garda le droit de rendre la justice jusqu'en 1789. Devant la besogne sans cesse croissante, ces communautés durent nommer des syndics pour les représenter: le syndic, agent de la communauté, était distinct du maire qui représentait le seigneur.
En somme, l'histoire administrative de la Lorraine ressemble à celle de bien d'autres provinces.
Peu à peu la diversité fait place à l'uniformité; les rouages les plus variés finissent par se fondre en un seul; la centralisation s'opère entre les mains du duc, et plus tard de l'intendant qui représente l'autorité royale.

---

[2] Peu à peu la diversité fait place à l'uniformité; les rouages les plus variés finissent par se fondre en un seul; la centralisation s'opère entre les mains du duc, et plus tard de l'intendant qui représente l'autorité royale.

BOURGEOISE DE NANCY.
Dessin du début du XVIIe siècle.
(Bibliothèque de l'Arsenal.)

III

LA VIE SOCIALE EN LORRAINE

La période qui commence avec le règne de René II est peut-être la plus belle époque de l'histoire lorraine. Non seulement la Lorraine tient alors sa place dans l'histoire générale, mais aussi la richesse s'accroît, la forêt vosgienne se défriche et se peuple, les habitants augmentent. C'est enfin le moment où brille du plus vif éclat la patrie lorraine; il existe entre toutes les classes de la société un trait commun: l'attachement très fort au sol lorrain, et au duc qui en est le souverain.

Lorsqu'ils ne sont pas en expédition guerrière, les ducs vivent au Palais ducal, dont une partie existe encore dans la Grande-Rue de Nancy. Ils sont aimés de la population. Quand ducs et duchesses entrent pour la première fois dans la ville, les métiers se taisent et tous se portent au-devant des souverains. Lorsque la duchesse Renée de Bourbon, femme du duc Antoine, fit son entrée à Nancy, le clergé de la collégiale lui apporta à baiser « le cuisseau de Saint-Georges », et protesta de son dévouement; les nobles la placèrent sous un dais; les enfants s'avancèrent vêtus de blanc, « avec grands plumages sur la tête »; les poètes du temps lui récitèrent des compliments en vers :

> Vive le duc et la duchesse,
> Dame Renée de Bourbon,
> La souveraine princesse
> De Lorraine, le pays bon.

L'attachement des Lorrains à la dynastie ducale était tel, qu'ils confondaient dans la même admiration les bons et les mauvais ducs.

En avril 1641, le duc Charles IV, après une longue absence fait sa rentrée à Nancy. Chacun savait qu'il menait une vie fort peu édifiante, et que le respect de la foi jurée lui était inconnu. N'importe; il fut accueilli avec enthousiasme par les Nancéiens; des arcs de triomphe se dressaient sur son passage, et les habitants avaient revêtu leurs habits de fête; le clergé se porta au-devant de lui en procession, bannière en tête, avec la croix et l'eau bénite. « Il faillit être étouffé, tant la presse était grande. Quelques femmes, et de la meilleure condition, s'approchaient de lui pour lui baiser les bottes, pour arracher les aiguillettes de son pourpoint. Il y en eut même, dit dom Calmet, qui déchiraient ses habits et lui tiraient les cheveux et des poils de barbe pour les conserver comme des reliques. »

Charles IV n'avait pas rougi d'amener avec lui sa favorite; elle chevauchait à ses côtés, et ce spectacle touchait profondément le peuple: quelques femmes criaient à haute voix en joignant; les mains: « Dieu nous conserve Monseigneur le duc de Lorraine, ses deux femmes et son enfant. »

Au palais ducal, la noblesse prit peu à peu l'habitude de venir faire sa cour. À l'époque de la Renaissance, l'isolement parut pénible aux descendants des seigneurs féodaux; ils devinrent courtisans; ils aimèrent à vivre dans l'entourage du duc, comme les nobles de France à la cour du roi.

C'est à l'époque de Stanislas et au commencement de son règne que la cour fut le plus nombreuse.

Nancy. Palais des Ducs.

Le vieux Collège a Bar-le-Duc.

Privé de toute initiative politique, Stanislas s'était réservé l'entier gouvernement de sa maison, et cette maison était considérable. Il avait non seulement conservé les vieilles charges de l'ancienne maison de Lorraine, mais encore créé des offices nouveaux. À lire la liste des grands officiers de la cour, on eût pu se croire à Versailles. Grand maître, grand veneur, grand aumônier, intendant, grand chambellan, grand écuyer, grand louvetier, commandant des gardes du corps : rien n'y manque, et j'omets la quantité considérable des officiers ordinaires et des gentilshommes de tout ordre.

La reine avait, elle aussi, son escorte et ses pages, ses dames d'honneur et ses dames du palais, Mesdames de Linanges et de Boufflers, les comtesses de Choiseul et de Raigecourt.

Tous ces dignitaires étaient loin d'avoir des fonctions à remplir; leurs charges n'étaient le plus souvent que des titres honorifiques. » Un seigneur de l'ancienne cour s'étant présenté pour solliciter un emploi équivalent à celui qu'il remplissait auprès des derniers ducs de Lorraine : « Quelle charge aviez-vous? lui dit Stanislas.- Sire, j'étais maître des cérémonies.- Eh ! Monsieur, répartit le roi de Pologne, je ne permets même pas qu'on me fasse la révérence. » Les pratiques gênantes de l'étiquette étaient bannies de la cour de Stanislas; son intérieur était bien plutôt celui d'un riche gentilhomme que celui du père d'une reine de France.»

Les hauts prélats imitèrent les nobles et se pressèrent à la cour ducale; ils appartenaient du reste à la classe noble. On devenait évêque, en Lorraine, comme en France, moins par l'excellence des vertus canoniques et la valeur morale que par les titres nobiliaires que l'on pouvait faire valoir. On comprend que ce clergé fût impuissant à restreindre les progrès de la Réforme; des communautés protestantes se formèrent dans le duché. Le mouvement révolutionnaire des Rustauds faillit même gagner la Lorraine, et il fallut, comme nous l'avons vu, toute l'énergie du duc Antoine pour écraser les révoltés.

Le clergé régulier se mêlait peu aux événements de la politique; les moines et les religieuses vivaient dans leurs monastères, ignorants des choses du dehors. Parmi les établissements les plus célèbres, il faut connaître le chapitre des dames chanoinesses de Remiremont.

« C'était une fort grande dame que l'abbesse de Remiremont; princesse du Saint-Empire, elle menait un train royal en son palais dont a hérité la ville. Elle portait avec dignité une crosse d'or; elle accordait ses audiences sous un dais somptueux, rendait la justice en personne et circulait en un carrosse attelé de six chevaux. À sa mort, cent églises sonnaient le glas pendant vingt-quatre jours. Sur ces cent paroisses, l'abbesse exerçait le droit de patronage; un usage singulier voulait que les habitants de Bussang lui apportassent en plein été quatre bœufs blancs et un plat de neige. De la neige en plein été ! Les Vosgiens s'en tiraient en lui apportant des œufs à la neige, dont se contentait la haute dame, bonne personne pour les petits[3]. »

Les chanoinesses se recrutaient dans la noblesse, avaient leur demeure en ville, et ne se soumettaient pas facilement à l'autorité de l'abbesse. À la fin du XVIIe siècle, les mœurs des chanoinesses s'étant fort relâchées, l'abbesse Dorothée de Salm fut impuissante à les rétablir; il fallut l'intervention de l'évêque de Toul, de l'archevêque de Paris, du roi de France, et même du pape pour en venir à bout. Il n'en coûta pas moins, à Dorothée, de 40.000 écus.

La bourgeoisie s'était peu à peu enrichie par le commerce. Les grandes foires de Nancy, de Saint-Nicolas et de Pont-à-Mousson attiraient quantité d'étrangers et laissaient beaucoup d'argent dans le pays.

---

[3] L. MADELIN, Croquis lorrains.

Des corporations de métiers s'étaient formées. La plus ancienne corporation fondée à Nancy fut celle des merciers (1347); les autres métiers suivirent cet exemple. Il fut bientôt impossible d'exercer une profession sans entrer dans une corporation.

On y jouissait de certains avantages: les malades recevaient des secours; les veuves et les orphelins restaient sous la tutelle de la corporation. « Un roi », élu par les confrères et accepté par le duc, administrait la corporation. Un saint était choisi pour patron, et, le jour de la fête de ce patron, le métier chômait.
« Compagnons et maîtres tiraient de leur armoire les vêtements des grands jours. Tous ensemble allaient prendre chez le « roi » soit la bannière patronale, soit la statue du saint, qu'on portait processionnellement à l'église. L'autel brillait d'un éclat inaccoutumé; le nombre et la grosseur des cierges étaient un sujet d'émulation entre les confréries. Après la messe, on se rendait dans le même ordre au lieu du festin; et tel qui, le matin, s'était approché des Sacrements pour faire honneur au saint de la corporation se trouvait le soir, pour avoir continué à fêter ledit saint, hors d'état de distinguer une lime d'un rabot. »
Combien d'autres occasions de perdre joyeusement une journée en commun ! Tantôt c'était la réception d'un compagnon, tantôt l'anniversaire d'une grande fête nationale, comme le 5 janvier. Un grand jour, celui-là ! Les habitants s'éveillaient dès le matin au bruit de la musique et des trompettes, et l'on se rappelait qu'à pareille heure, le duc René avait fait sonner la diane à Saint-Nicolas et levé les étendards pour marcher à l'ennemi. Après des divertissements qui duraient une journée, on tirait les rois en famille; les anciens racontaient aux plus jeunes la grande histoire, et l'on sortait pour voir passer la procession aux flambeaux : les trophées de la bataille de 1477, le casque et l'épée du Téméraire y brillaient aux lumières. Nobles, clercs,

bourgeois, artisans se sentaient unis par la communauté des souvenirs.

Les paysans étaient moins heureux; ils étaient soumis, comme en France, à toutes les rigueurs de leur condition; la plupart étaient serfs. Ils souffraient de la disette, et supportaient péniblement le fardeau des guerres. Pauvres et ignorants, ils étaient superstitieux.

La superstition se retrouvait d'ailleurs à tous les degrés de l'échelle sociale; les nobles même y payaient leur tribut. Tout le monde croyait à la sorcellerie; rien ne provoquait l'épouvante comme la vue d'un sorcier. Le grand remède était le bûcher, quand l'exorcisation était inutile. Parfois on avait recours à la torture, et l'on conserva pendant longtemps le souvenir du procureur général Nicolas Remy (1591-1606), qui organisa la répression la plus féroce.

Quelques histoires de sorciers lorrains seraient amusantes, si elles n'avaient entraîné mort d'homme. Le curé de Vomécourt, Dominique Cordet, eut la curiosité d'étudier de près la sorcellerie. Il acquit la conviction que le crime, auquel il avait cru jusqu'alors, ne méritait pas le supplice du feu. Dans sa paroisse, il exorcisait les sorciers, engageait ceux qui se croyaient possédés à se tenir tranquilles, et expulsait les incorrigibles. Cet honnête homme n'avait d'autre but que d'épargner à ses paroissiens une fin tragique. Dénoncé, arrêté, il fut mis à la torture comme sorcier lui-même. Il nia jusqu'au bout. Il fut brûlé vif, pour avoir soustrait des sorciers au bûcher (1632).

Les guerres du XVIIe siècle devaient mettre fin à la sorcellerie. On eut alors d'autres soucis. C'est l'époque de la guerre de Trente Ans, de l'invasion française et suédoise, des réquisitions et des levées d'impôt du maréchal de Créqui.

HISTOIRE DE LA LORRAINE

Bar-le-Duc : Église Saint-Pierre et le Musée.

Nous avons déjà dit la tristesse de ces temps malheureux. Les abbayes elles-mêmes souffrirent de la famine. On vit l'abbé de la Haute-Seille obligé de mettre ses cloches en gage pour se procurer de l'argent; à plusieurs reprises les moines durent se disperser. La charité de Vincent de Paul et le dévouement de Pierre Fourrier apportèrent quelque remède; mais la situation d'ensemble n'en fut guère modifiée. Il fallut plus de cinquante ans à la Lorraine pour se relever.

Au XVIIIe siècle, avec le duc Léopold, la prospérité renaît. On recommence à vivre. Nancy voit sa population passer de 7,500 à 20,000 habitants. L'industrie et le commerce sont encouragés; les salines s'établissent, la métallurgie se fonde; les premières verreries des Vosges apparaissent. La fortune publique s'accroît, et les nobles se pressent à la cour de Lunéville, plus riche et plus brillante que la cour de Nancy d'autrefois,

Léopold est aussi populaire que « les bons durs » du XVIe siècle; il s'applique, du reste, à renouer les vieilles traditions. L'année de son mariage, il ressuscita l'antique fête des « Brandons ». Jadis, à l'époque du Carnaval, les personnes de toute condition, mariées pendant le cours de l'année, devaient, munies d'un petit fagot et se tenant par le bras, présenter leurs hommages au souverain, puis, après avoir traversé la ville, faire un grand feu de leurs fagots au milieu de la cour du Palais ducal; après quoi commençaient les danses et réjouissances de toute sorte. Les couples se paraient de leurs plus beaux habits : le mari portait un petit fagot enrubanné et attachait à sa boutonnière une serpette en argent ou en fer-blanc, suivant sa condition; la femme mettait à son corset quelques menus objets représentant des quenouilles, des rouets, etc. Au carnaval de 1699, Léopold prit lui-même la tête de la procession, bras dessus, bras dessous, avec sa femme qui balançait en marchant un petit berceau de vermeil suspendu à sa ceinture.

Après Léopold, disparait cette bonhomie qui régnait autrefois dans les rapports de sujets à souverain; les vieilles coutumes lorraines sont peu à peu abandonnées. Les Lorrains obéissent à Stanislas et au roi de France, mais ils n'entourent plus le pouvoir de la même affection; ils deviennent indifférents et tièdes. Il y eut encore de belles fêtes en l'honneur des souverains, mais ce furent le plus souvent des fêtes de commande.

MARCHANDE LORRAINE.
Début du XVIIe siècle.
(Bibliothèque de l'Arsenal.)

IV

LES LETTRES ET LES ARTS EN LORRAINE

La Lorraine n'est jamais restée étrangère au développement des lettres et des arts.

Dès l'époque carolingienne: des écoles avaient été fondées dans les monastères, Chrodegang à Metz, Frothaire à Toul, Smaragde à Saint-Mihiel, Hilduin à Verdun encourageaient ces écoles. En même temps, ils étaient grands bâtisseurs, et préludaient ainsi au mouvement artistique qui devait donner naissance à l'architecture romane.
Les siècles qui suivirent furent moins féconds. Mais avec René II commence une époque brillante pour l'art lorrain. C'est alors que s'élèvent les basiliques de Saint-Nicolas du Port et des Cordeliers à Nancy. Le Palais ducal achève de s'édifier à Nancy. On peut admirer encore la magnifique porterie de ce palais, où se mélange le gothique local avec les influences italiennes, qui déjà ont pénétré dans le pays.
Le XVIe siècle est le siècle de la Renaissance.
Une Université est fondée à Pont-à-Mousson (1572). Des artistes apparaissent, inspirés de l'esprit nouveau. C'est l'époque

de Ligier Richier, dont on voit à Bar-le-Duc le squelette de René de Châlon, à Saint-Mihiel le saint Sépulcre, à Hattonchâtel le Calvaire, à l'église d'Étain la *Pieta*. La cour intérieure du vieux collège de Bar-le-Duc est peut-être ce qui nous reste de plus beau de l'architecture lorraine de cette époque.

Au XVIIe siècle, malgré les divers fléaux qui désolent le pays, le mouvement continue. Jacques Callot, le graveur, retrace les scènes désastreuses de la guerre. Claude Gelée, dit le Lorrain, peint les levers et les couchers de soleil en Italie, les ports de mer. Le trait saillant de l'art lorrain s'affirme : l'amour de la précision et de la clarté; peu de romanesque et de mysticisme.
Au XVIIIe siècle, les encouragements de Léopold et de Stanislas portent leurs fruits. Les artistes sont appelés à la cour de Lunéville, et c'est, à Commercy, à Lunéville comme à Nancy, une véritable orgie de constructions. L'architecte Héré trace les plans de la place Royale (qui deviendra plus tard la place Stanislas) et de la place Carrière, Jean Lamour forge les superbes grilles de la place Royale; Cyfflé élève la fontaine de la place d'Alliance. Déjà l'inspiration lorraine n'est plus aussi pure : l'influence française s'est fait sentir. Là, comme dans l'histoire politique, la Lorraine ne fut plus bientôt qu'une province du royaume de France.
« C'est du balcon de l'Hôtel de Ville que, le 26 novembre 1755, Stanislas assista aux fêtes par lesquelles on célébra l'achèvement de la place Royale et l'inauguration de la statue de Louis XIV (remplacée, depuis, par celle de Stanislas lui-même). Le régiment du roi était en bataille sur la place; les gardes lorrains se tenaient, l'arme au pied, devant l'Hôtel-de-Ville; la noblesse se pressait aux fenêtres des quatre pavillons; une foule d'étrangers et de peuple s'écrasait sur les terrasses. Lorsque le roi parut, les acclamations se mêlèrent aux salves d'artillerie. Puis

les hérauts d'armes partirent de l'Arc de Triomphe) précédés de timbales et de trompettes, firent le tour de la place et s'arrêtèrent quatre fois pour crier: « Messieurs, c'est aujourd'hui que le roi fait la dédicace du monument que Sa Majesté a fait ériger, comme un gage de l'amour pour le roi son gendre. Vive le Roi! » Alors Guibal et Cyfflé, les auteurs du monument de Louis XV, firent tomber le voile qui recouvrait la statue. Le peuple envahit la place. Tout le reste du jour, le vin coula des fontaines sculptées par Guibal sous les portiques de Jean Lamour. Et Stanislas s'en fut à la Comédie entendre une pièce de Palissot. La pluie, qui se mit à tomber, fit remettre au lendemain les illuminations. Mais les soldats ripaillèrent dans les rues, ... cependant que de vieux Lorrains, insensibles à la gloire de Louis le Bien Aimé et aux vertus de Stanislas, le Bienfaisant, allaient, en chantant des refrains de leur province, saluer le buste du duc Léopold qui décorait la façade d'une maison de la rue Saint-Dizier. Le lendemain, le roi revint au balcon de l'Hôtel-de-Ville, pour contempler les quatre-vingt mille lampions qui éclairaient les architectures de Héré. Puis, à l'extrémité de la place de la Carrière, on tira un grand feu d'artifice, « composé de soleils, de gerbes à étoiles, de dragons vomissant des feux de différentes couleurs, de pilastres en feu à la mosaïque et d'une perspective de jardins en feu, avec deux piédestaux aux côtés, surmontés de vases d'où sortaient des gerbes de feu. »

« Aujourd'hui, c'est du balcon de Stanislas que, à la fin d'une belle journée d'automne, on peut le mieux sentir toute la séduction du chef-d'œuvre qu'accomplirent à Nancy les artistes lorrains du roi de Pologne, chef-d'œuvre d'ordre et d'élégance, qui satisfait la raison, et les yeux, car il est beau de la triple beauté du plan, des architectures et du décor.

Cette place Royale n'est point démesurée, elle n'excède pas l'importance d'une petite capitale. Les édifices environnants sont

Arc de Triomphe de Emmanuel Héré.

Grille de Jean Lamour, Place Stanislas, Nancy.

élevés à la hauteur que commande la dimension de l'espace libre. Les voies d'accès sont assez larges pour rattacher la place à la cité même; cependant elles ne brisent pas le rythme des architectures. C'est un enclos; mais les grilles placées entre les bâtiments laissent passer la lumière et la vie. Une admirable trouvaille fut d'abaisser les constructions sur une des faces pour aérer la place, élargir son ciel, sans rompre le cadre monumental; et du même coup, cet artifice ingénieux étendit la perspective jusqu'à l'extrémité de la Carrière. Quelle merveilleuse ordonnance ! et aussi quelle adorable tableau que celui où l'on voit alterner - sans un disparate - la fantaisie des portiques de Lamour et la classique noblesse des façades de Héré ! Comment ne pas souscrire au jugement que l'architecte lui-même portait sur ces travaux avec plus de vérité que de modestie ? « On y voit, dit-il, la magnificence jointe à la simplicité et l'harmonie des proportions à la délicatesse; mais aussi un goût nouveau dont il n'y eut jamais d'exemple. » Et ce goût ne fut jamais imité; nulle part, dans aucun décor de place publique, on ne devait revoir tant de « magnificence » jointe à tant de « simplicité[4]. »

Si la Lorraine tient une grande place dans l'histoire du développement des arts sous l'ancien régime; il n'en fut pas de même dans le domaine des Lettres. Il y eut, au XVIIe et au XVIIIe siècles, beaucoup d'écrivains lorrains, mais aucun n'atteignit à la gloire; c'étaient de modestes érudits ou des poètes, dont la renommée ne dépassait guère les murs de leur ville natale. Et pourtant la sollicitude des ducs s'étendait aux lettres comme aux arts. Au XVIIIe siècle, l'Académie de Stanislas encouragea les jeunes vocations. La Bibliothèque publique de Nancy permit aux érudits de travailler; c'est l'époque où dom Calmet, abbé de

---

[4] A. HALLAYS, Les Villes d'art célèbres : Nancy.

Senones, écrivit son *Histoire de Lorraine*.

J. CALLOT (Par lui-même).
(Collection albertine du musée de Vienne.)

TROISIÈME PARTIE

La période contemporaine.

****

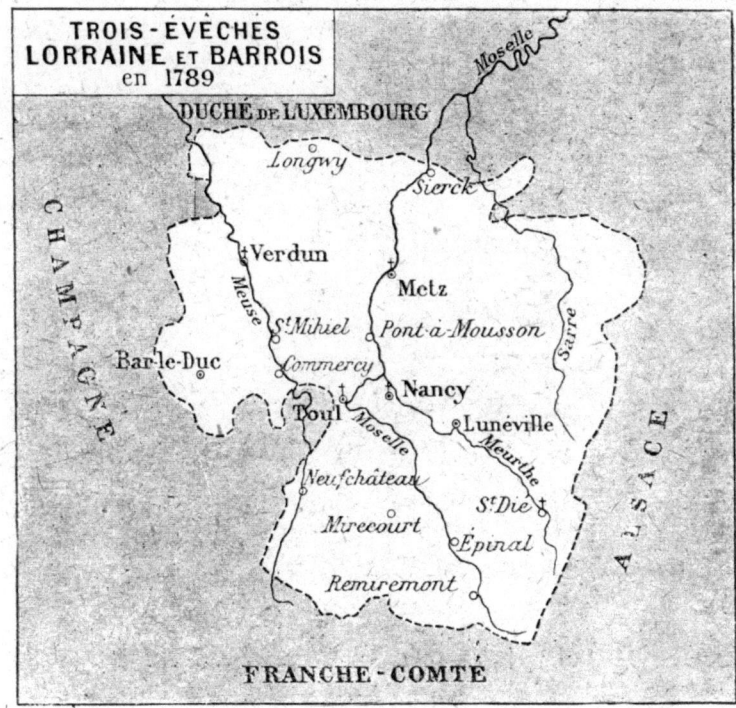

La Lorraine apprit arec enthousiasme la convocation des État Généraux, en 1789. Comme dans les autres provinces, chacun *des trois ordres: Noblesse, Clergé, Tiers-État avait rédigé ses cahiers de doléances, d'ailleurs très modérés, très respectueux du pouvoir royal, et tous les cœurs étaient remplis d'espérance, quand partirent les 36 députés qui devaient porter à Versailles les vœux du pays.*

« Partout perce un grand sentiment d'union, de fraternité et de dévouement au roi. L'élan général est vraiment admirable et le cahier du tiers-état de Mirecourt le résume éloquemment: « S'il arrive que Votre Majesté n'ait pas atteint le but qu'elle se propose (le soulagement du peuple) vos sujets vous offrent, Sire, leur sang, leur vie et le peu de bien qui leur reste. Que Votre Majesté veuille bien en disposer, et les regarder comme le peuple le plus attaché à son roi, le plus zélé pour la défense des droits sacrés de son trône, le plus fidèle et le plus soumis qui existât jamais.»

STATUE D'OUDINOT,
A BAR-LE-DUC.
(par J. DEBAY)

I

LES GRANDS FAITS DE L'HISTOIRE LORRAINE DE 1789 À NOS JOURS

STATUE DE NEY,
A METZ.
(Par PÊTRE.)

STATUE DE L'ABBÉ GRÉGOIRE,
A LUNÉVILLE.
(Par BAILLY.)

Les États Généraux, transformés en Assemblée nationale constituante, partagèrent la Lorraine et le Barrois en quatre départements : Moselle, Meurthe, Meuse et Vosges; une partie du Barrois fut rattachée à la Haute-Marne. Les départements, furent à leur tour divisés en districts. Dix ans plus tard, sous le consulat, la moitié des districts fut supprimée; ceux qui demeurèrent s'appelèrent désormais arrondissements; ce sont les arrondissements actuels. Ces questions territoriales ne furent pas facilement résolues; il y eut rivalité entre les villes, chacune voulait avoir le chef-lieu du département. Toul, par exemple, fut très mécontente de n'être plus qu'un simple district; elle perdit même son évêché. Verdun se résigna difficilement à n'être qu'un simple district; les habitants ne pouvaient comprendre qu'on pût préférer à leur ville épiscopale la petite cité de Bar-le-Duc; ils chargèrent leurs représentants à l'Assemblée constituante de défendre leur cause. Verdun n'était-elle pas mieux placée au centre du département, tandis que Bar-le-Duc, déchue depuis deux siècles de son rang de capitale, semblait plutôt se détourner de la Lorraine ? Qu'était-ce que l'Ornain, « petite rivière ignorée» à côté de la Meuse ? - Ces récriminations furent vaines. Verdun garda son évêque et Bar-le-Duc eut la préfecture. Saint-Mihiel resta la capitale judiciaire du département; elle l'est encore aujourd'hui.

En mars 1793, la petite principauté de Salm qui faisait partie de l'Empire germanique, mais qui était française par la langue et les mœurs, fut annexée au département des Vosges.

Les habitants eux-mêmes avaient sollicité l'annexion et envoyé une adresse à la Convention nationale. Celle-ci délégua deux de ses membres, pour aller prononcer sur place l'incorporation, de la ci-devant principauté à la République française. « Ils furent reçus avec des véritables transports de joie. Le 15 mars 1793, Joseph Balland, homme de loi, François Devique, négociant, et

HISTOIRE DE LA LORRAINE

Vue de Verdun.

Jean-Joseph Jeandel, délégués à cet effet, faisaient remise des sceaux et marteaux de la ci-devant principauté aux représentants du peuple. Un mois plus tard, toutes les communes prêtaient le serment civique, et l'incorporation à la France était un fait accompli. Les Vosges comptaient un district de plus. »

La vie populaire ne fut pas aussi agitée qu'en d'autres provinces. Il y eut cependant en 1790, un petit mouvement révolutionnaire. Les Suisses du régiment de Châteauvieux se révoltèrent avec deux autres régiments qui tenaient garnison à Nancy, le régiment de Roi-infanterie et celui de Mestre de camp-Cavalerie. Les troupes rebelles étaient déjà maîtresses de la ville, quand le marquis de Bouillé accourut de Metz avec une petite armée et réussit non sans peine à les soumettre.

C'est pendant cette échauffourée que s'illustra le lieutenant Désilles, qui servait au régiment de Roi-infanterie. Les troupes adverses étant en présence (31 août), il se jeta devant les canons, adjurant ses compagnons de ne pas tirer sur leurs frères. Ses paroles restant sans succès, il se mit devant une pièce chargée; on l'en arracha. Il sauta sur une pièce de canon, mais les balles l'atteignirent, et il tomba. Il allait être écharpé quand un garde-citoyen le sauva, et réussit à le transporter, mortellement blessé, chez le curé de Saint-Fiacre. L'Assemblée nationale décida qu'il avait bien mérité de la patrie.

On suivit de près, dans les départements lorrains, les événements qui se passaient à Paris. Toutes les grandes fêtes furent dignement célébrées. La fête de la Fédération (14 juillet 1790) rassembla tous les bons citoyens au chef-lieu de chaque département, autour de l'autel de la patrie, et lorsque revinrent les députés lorrains à la grande Fédération française de Paris, des mesures furent prises pour célébrer leur retour, et recevoir dignement la bannière nationale que la Ville de Paris avait offerte à tous les départements.

« Le 28 juillet 1790, les fédérés vosgiens arrivèrent vers cinq heures du soir aux portes d'Épinal. Le directoire départemental avait résolu d'aller à leur rencontre jusqu'à la sortie de la ville, sur la route de Mirecourt, près de l'endroit où se trouvait déjà un hôtel du Louvre.

Toute la garde nationale, la troupe de ligne, la maréchaussée étaient sous les armes et allèrent au-devant d'eux. Dès que leur présence fut signalée, des salves d'artillerie éclatèrent; les cloches des églises sonnèrent à toute volée. Des dames, vêtues de blanc, avec le ruban national en écharpe et armées d'épées, précédées de jeunes filles portant des paniers de fleurs, s'avancèrent pour les saluer. Les corps administratifs et la municipalité se tenaient sous un arc de triomphe à l'entrée de la ville. Le vice-président du Directoire Fournier, harangua les fédérés et célébra dans son discours le bonheur des Français sous la nouvelle Constitution; il termina en poussant le cri de : « Vive la nation, la loi, le roi! » que la foule répéta avec acclamation.

Mlle Clever, fille du colonel de la garde nationale, s'avança ensuite, et, après avoir offert des fleurs aux députés, prononça un discours patriotique où elle disait: « Si nos forces eussent égalé notre courage, comme vous nous aurions couru aux armes, et avec vous nous aurions partagé la gloire d'avoir conquis la liberté, mais il fallait des bras plus nerveux pour en imposer aux ennemis de la Constitution; notre faiblesse ne nous a pas permis de prendre part à cette révolution; nous nous sommes bornées à vous admirer. »

Puis le cortège s'avança au son de la musique, dans la rue Léopold-Bourg. Un arc de triomphe en feuilles de chêne y avait été dressé; une couronne civique pendait du sommet. À 7 heures du soir on arrivait au collège. Là, dans la salle du Directoire, le procureur général syndic, Poulain-Grandprey, complimenta les fédérés. Tous les assistants prêtèrent le serment civique, et une salve de vingt coups de canon termina la fête. La proclamation de la République en septembre 1792 fut également l'occasion de manifestations pompeuses.

Les élections aux diverses assemblées: Législative, Convention, furent plus calmes; la chute même de Robespierre au 9 Thermidor ne fit pas sensation; on apprit sans regret la mort du « tyran ». Les patriotes lorrains se disaient volontiers jacobins; mais ils ne partageaient point la fougue et l'intransigeance de leurs frères de Paris.

Les Sociétés populaires, qui se formèrent dans les villes, se montrèrent dévouées à la République, mais hostiles à la Terreur. Les discours prononcés dans les séances étaient pleins d'exaltation patriotique; il y eut quelques motions violentes; des listes de suspects furent dressées, mais les exécutions capitales furent très rares. Lorsque la République fut assurée de vivre, et que l'invasion étrangère fut repoussée, les membres des Sociétés populaires pensèrent que leur rôle était fini et ne se réunirent plus. Ils laissaient le souvenir de bons patriotes; on peut vanter sans exagération leur esprit de bienfaisance et leur humanité.

Les lorrains montrèrent le même esprit de tolérance en matière religieuse; ils obéirent au gouvernement sans faiblesse, mais sans zèle intempestif. Le clergé catholique dut prêter serment à la Constitution; les prêtres qui s'y refusèrent, les réfractaires, durent céder la place à ceux qui acceptèrent le régime nouveau, les assermentés, parmi lesquels l'abbé Grégoire, qui fut plus tard député à la Convention et s'y signala par la générosité de son esprit. Sous la Convention, la religion catholique fut remplacée d'abord par le culte de la Raison, puis par le culte de l'Être suprême; mais il ne paraît pas que ces religions nouvelles aient fait beaucoup d'adeptes.

Une question cependant passionna les Lorrains sous la Révolution, ce fut celle de la défense nationale. Lorsqu'en 1792, l'Assemblée législative proclama la patrie en danger, il y eut, dans les quatre départements, un bel élan patriotique, un enthousiasme admirable. Des bataillons de volontaires se formèrent partout et contribuèrent vaillamment à repousser l'étranger. La Convention et le Directoire, dans les années qui suivirent, ne firent jamais appel en vain au dévouement des Lorrains.

Dès 1792, sur la proposition du député vosgien François de Neufchâteau, la Législative décida que le département des Vosges avait bien mérité de la patrie. Deux ans plus tard, la Convention répétait l'éloge. C'est qu'aucun département n'avait montré pareille vigueur et fourni à la patrie tant de défenseurs. En 1792, les Vosges avaient levé 16 bataillons de volontaires, presque autant que Paris et le département du Nord.

Ces instincts belliqueux nous expliquent peut-être pourquoi la Lorraine accepta si facilement le Consulat et l'Empire. En même temps que Bonaparte mettait fin aux discordes intestines, rétablissait l'ordre et faisait renaître en France la prospérité économique, il donnait satisfaction aux aspirations militaires des Lorrains. Ils apparaissent dès lors sur tous les champs de bataille de l'Europe et s'y distinguent par leur bravoure. Toute une pléiade de héros est issue du sol de la province. Duroc, de Pont-à-Mousson; Drouot, de Nancy; Victor, de Lamarche; Ney, de Sarrelouis; Oudinot et Exelmans, de Bar-le-Duc, comptèrent parmi les meilleurs officiers généraux du premier Empire. L'épopée impériale fut en partie leur œuvre.

HISTOIRE DE LA LORRAINE

PORTE DE LA CRAFFE, A NANCY.

Oudinot avait su imprimer une telle ardeur à ses grenadiers qu'on ne les appelait plus que la colonne infernale. À Friedland (1807), il fut le héros d'une lutte gigantesque; il tint tout un jour en échec, avec 20.000 hommes, une armée de 80.000 ennemis, et à l'arrivée de Napoléon, sans chapeau, les vêtements arrachés, percés de balles et ruisselants de sang, il ne demandait que du renfort pour jeter les Russes à l'eau. Ce jour-là, exténué de fatigue, il ne prit aucune nourriture; le soir venu, il s'étendit par terre, et un sac de troupe lui servit d'oreiller. Il avait combattu 8 heures, et était resté 16 heures à cheval.

Le courage de nos soldats fut inutile et peut-être dangereux. L'Europe se coalisa contre Napoléon, et l'Empire tomba, victime de sa propre gloire. La Lorraine fut envahie par les Alliés en 1814, et souffrit cruellement. Les hommes mûrs d'aujourd'hui se souviennent des récits de leurs grands-pères qui avaient vu les Cosaques, et qui rappelaient souvent les horreurs de l'invasion.

Les alliés avaient restauré en France la dynastie des Bourbons; cet appui de l'étranger rendit Louis XVIII impopulaire. Les Lorrains n'oubliaient pas volontiers Napoléon Ier. Lorsqu'ils apprirent son retour de l'île d'Elbe, ils épousèrent sa cause et se rallièrent à lui. Il fallut le désastre de Waterloo pour les éclairer sur la situation; ils se résignèrent alors et acceptèrent la restauration des Bourbons.

L'histoire de cette époque parait un peu terne à côté de la précédente. Ce n'est plus le fracas des batailles ou la conquête des trophées ennemis; c'est une période pacifique où les esprits se reposent. Comme il faut être riche pour être électeur, la Lorraine n'est représentée à la Chambre que par des nobles ou de riches propriétaires qu'on respecte, mais qui ne sont pas populaires. Le drapeau blanc, du reste, qui est le drapeau des

Bourbons, rappelle un passé détesté et éloigne les sympathies du gouvernement.

La Révolution de 1830 est bien accueillie. Louis-Philippe eut beaucoup de partisans en Lorraine. On lui sut gré d'avoir remplacé le drapeau blanc par le drapeau tricolore, d'avoir étendu le droit de suffrage à un plus grand nombre d'électeurs, de prendre lui-même les allures d'un bon bourgeois. Puis, c'est sous son règne que se fait la conquête de l'Algérie; on parlait de nouveau des victoires de l'armée française; la fibre patriotique était toujours sensible dans la province.

Quand éclata la Révolution de 1848, les Lorrains paraissaient peu préparés à la République; cependant, ils suivirent le mouvement. Dans presque tous les villages, on planta en grande solennité des arbres de la liberté, dont quelques-uns sont encore debout aujourd'hui. Les cœurs étaient confiants. Beaucoup d'esprits généreux, mais chimériques, croyaient qu'une ère nouvelle allait commencer. Cependant les temps de la liberté n'étaient pas encore venus; les hommes n'y étaient pas préparés. Le suffrage universel, que la Révolution avait proclamé, ne servit qu'à favoriser les ambitieux. Un homme se présenta qui, par son nom et les souvenirs qui s'y rattachaient, devint immédiatement populaire, et gagna les voix de la majorité des électeurs: c'était le prince Louis-Napoléon, fils de l'ancien roi de Hollande, Louis, neveu par conséquent de Napoléon 1er. Il fut élu président de la république en 1849, et les Lorrains votèrent en masse pour lui; ils songeaient aux gloires militaires du premier Empire, sans se rappeler les misères qui en étaient sorties.

Pendant tout le second Empire, la Lorraine vécut tranquille. Le commerce était protégé, l'industrie encouragée et l'agriculture prospère. Des guerres heureuses détournaient les esprits vers l'extérieur. En 1866, eut lieu à Nancy une grande fête, le centenaire de la réunion de la Lorraine à la France. L'impératrice Eugénie alors dans tout l'éclat de sa beauté et le prince impérial, honorèrent les fêtes de leur présence. Oubliée, la vieille indépendance lorraine, dont on était si fier autrefois ! Oubliée, la petite patrie locale, aujourd'hui fondue dans la grande ! L'esprit lorrain n'est plus qu'une des faces de l'esprit français; les érudits seuls évoquent le souvenir de l'antique autonomie, qu'on gardait si jalousement autrefois. L'Empire est solide, ou du moins il paraît tel. Lors du plébiscite de janvier 1870, par lequel le gouvernement demandait aux Français s'ils acceptaient les réformes libérales récemment décidées, les Lorrains répondirent par une forte majorité de voix favorables. Quelques hommes politiques clairvoyants ne réussirent pas à se faire écouter.

La guerre éclata : le territoire national fut foulé par les Allemands. La Lorraine fut envahie dès les premiers jours. L'Empire, que l'on croyait si fort, alla de désastre en désastre. Après la défaite de Forbach, ce furent celles de Frœschwiller et de Reischoffen; puis les tristes journées de Borny, Rezonville et de Saint-Privat, qui coupèrent les relations de l'armée de Metz avec la France. Tandis que se reformaient, au pied de l'Ardenne, les troupes qui devaient se faire battre à Sedan, le maréchal Bazaine se laissa cerner dans la ville de Metz, fit mine d'organiser la défense pendant quelques semaines, puis capitula honteusement, sans avoir sérieusement tenté de repousser l'ennemi (27 octobre 1870).
Parmi les soldats lorrains qui prirent part à la guerre, il n'y en eut pas de plus héroïque que le général Margueritte. Ancien combattant d'Algérie et du Mexique, il trouva la mort à la bataille de Sedan. Il observait les positions ennemies, quand une

balle lui traversa les deux joues. Son aide de camp put encore le ramener vers le gros de la division. « Dès que l'on eut reconnu le général, la consternation se peignit sur tous les visages, chacun, sentant ce qu'il perdait en son chef bien-aimé : tous les fronts s'inclinèrent; les sabres se baissèrent respectueusement, et un seul cri s'échappa de toutes les poitrines : « Vive le général! Vengeons-le. » Le général fit un signe de remerciement avec la tête; il eut encore la force d'indiquer la direction de l'ennemi et s'efforça de crier : « En avant ! » Il répétait au milieu de son agonie: « Moi, ce n'est rien, mais que va devenir l'armée ! Que va devenir la France ! » Il mourut quelques jours après, en Belgique, le 10 septembre 1870.

LA MORT DU GÉNÉRAL MARGUERITTE, A FLOING.
(Par E. TITEUX.)

L'hiver arriva. La Lorraine ne fut plus le théâtre des opérations militaires; mais elle supporta, plus que toute autre province, les maux de la guerre; elle fut soumise à des réquisitions de toute sorte; elle logea pendant de longs mois les soldats allemands et ses francs tireurs épouvantèrent longtemps les Prussiens comme par leur hardi coup de main sur le pont de Fontenoy, près Toul.

HISTOIRE DE LA LORRAINE

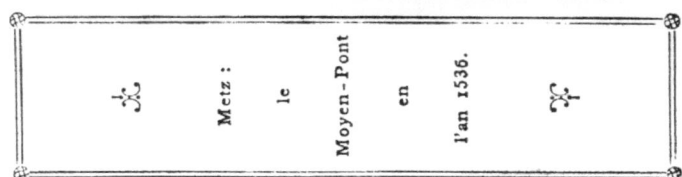

Metz : le Moyen-Pont en l'an 1536.

La guerre finie, un malheur plus grand frappa la Lorraine : le traité de Francfort (10 mai 1871) lui enleva une partie de son territoire pour le donner à l'Allemagne. Outre l'Alsace entière sauf Belfort, la France abandonnait aux vainqueurs presque tout le département de la Moselle, c'est-à-dire les arrondissements de Metz, de Thionville et de Sarreguemines, une bonne partie de la Meurthe c'est-à-dire les arrondissements de Sarrebourg et de Château-Salins, enfin deux cantons du département des Vosges, ceux de Schirmeck et de Saales, Les débris des deux départements de la Meurthe et de la Moselle formèrent désormais le département de Meurthe-et-Moselle.

L'occupation ennemie dura jusqu'au paiement de l'indemnité de cinq milliards que l'Allemagne avait exigée en sus des annexions, c'est-à-dire jusqu'en 1873. Après, commencèrent les années laborieuses et fécondes. Les Lorrains réfléchirent aux malheurs dont l'Empire avait été la cause, et s'attachèrent à la République, comme à un gouvernement réparateur. Les électeurs se laissèrent à peine surprendre par le coup d'État du 16 mai 1877 que les monarchistes avaient tenté pour ressaisir le pouvoir; la République avait jeté de profondes racines dans le sol lorrain. D'elle seule on attendait la pleine reconstitution de nos forces militaires, en même temps que les progrès économiques et sociaux; d'elle seule dépendait l'avenir de l'instruction populaire, et l'on sait que la Lorraine est la province française où l'on compte aujourd'hui le moins d'illettrés.

Un homme d'État s'est rencontré, de qui tous les Lorrains sont fiers: c'est Jules Ferry, un Vosgien de Saint-Dié. Ses anciens adversaires eux-mêmes rappellent son souvenir avec émotion : il est le trait d'union entre tous les républicains de la Lorraine. C'est à lui que nous devons les colonies de l'Indo-Chine et de la

Tunisie, en même temps que la grande extension donnée à l'enseignement primaire.

Le Monument de Fontenoy

II

CHANGEMENTS APPORTÉS PAR LE XIXe SIÈCLE À LA VIE DE LA PROVINCE

Le fait caractéristique de l'histoire lorraine au XIXe siècle, c'est le merveilleux développement économique de la province. S'il est vrai de dire que la Lorraine, à cause du voisinage de la frontière et des nombreuses garnisons établies dans les villes depuis la guerre de 1870, a pris un aspect militaire, il est plus vrai encore de répéter que l'âge industriel a commencé pour un pays qui, pendant longtemps, n'avait guère connu que l'agriculture.

Le département de Meurthe-et-Moselle est très riche en fer. L'exploitation n'a commencé qu'en 1844, aujourd'hui les trois bassins de Longwy, Briey et Nancy produisent près de six millions de tonnes de minerai par année, soit les 5/6 de la production française totale. À côté des mines se sont élevées des forges, où l'on fabrique le fer et l'acier, et des industries dérivées de la métallurgie: chaudronneries fabriques de limes, fabriques d'appareils électriques. Les forges de la Meuse, jadis les premières de la province, sont passées au second rang.

Institut chimique de Nancy

Le Palais du Gouverneur a Nancy

La houille vient d'être découverte près de Pont-à-Mousson; elle est de bonne qualité et assez abondante. On peut espérer que les industriels lorrains de l'avenir n'auront plus recours au combustible étranger.

LES USINES MÉTALLURGIQUES DE POMPEY, PRÈS DE NANCY.

Les vieilles salines de Lorraine ont pris un développement que personne, il y a cinquante ans, n'aurait pu deviner. Autour de Varangéville et de Rosières-aux-Salines, 7.100 hectares de terrain sont exploités et font vivre une population de plus de 10.000 habitants. À côté sont installées des soudières, les plus prospères de France.

Après la guerre franco-allemande, certains industriels cotonniers de l'Alsace sont venus fonder des établissements dans les Vosges, où les chutes d'eau leur fournissaient à bon compte la force motrice. Les hautes vallées de la Moselle et de la Meurthe ne valent plus seulement par leurs sites pittoresques, mais aussi par les nombreuses usines de filature et de tissage qui s'y sont établies : le temps est loin, où la forêt vosgienne passait pour impénétrable.

D'autres industries ont également trouvé un terrain favorable : comme les tanneries et les fabriques de chaussures de Nancy, les manufactures de chapeaux de paille de Nancy, Lunéville et Épinal, les imageries et imprimeries d'Épinal et de Nancy, les papeteries des Vosges, les cristalleries de Baccarat, les verreries de Nancy, Vannes-le-Châtel, Portieux et Gironcourt, les tonnelleries de Nancy.

Les industries d'art sont extrêmement florissantes. Les meubles Majorelle de Nancy sont avantageusement connus dans toute la France et à l'étranger; les verreries artistiques de Gallé et de Daum sont peut-être ce que « l'art nouveau » a produit de plus beau. « Gallé a su fixer sur le verre fragile et sur le bois d'exquises visions de fleurs et d'insectes aux ailes chatoyantes. »

L'agriculture n'a pas été oubliée; elle occupe moins de bras qu'il y a cent ans; mais les machines suppléent à l'insuffisance de la main d'œuvre. Elle a été surtout rénovée par Mathieu de Dombasle, qui vivait sous la Restauration et inventa une charrue perfectionnée. Les vieilles méthodes agricoles ont fait place aux procédés nouveaux. On emploie plus volontiers qu'autrefois les engrais chimiques; on produit moins de céréales et on fait plus d'élevage. Il existe à Tomblaine une école d'agriculture, et Nancy possède l'école nationale forestière.

Le mouvement industriel a gagné l'agriculture : de grandes minoteries se sont fondées, et la Lorraine compte plus de brasseries qu'aucune autre province : la France entière connaît les bières de Nancy, Tantonville, Vittel, Ville-sur-Illon, Bar-le-Duc.

La mise en valeur du sol et du sous-sol a été facilitée par les nombreuses voies de communications qui sillonnent la région. Il est peu de localités importantes qui ne soient desservies par une voie ferrée. Une grande ligne internationale coupe la Lorraine par le milieu, celle de Paris à Strasbourg par Bar-le-Duc, Commercy, Toul, Nancy, Lunéville.

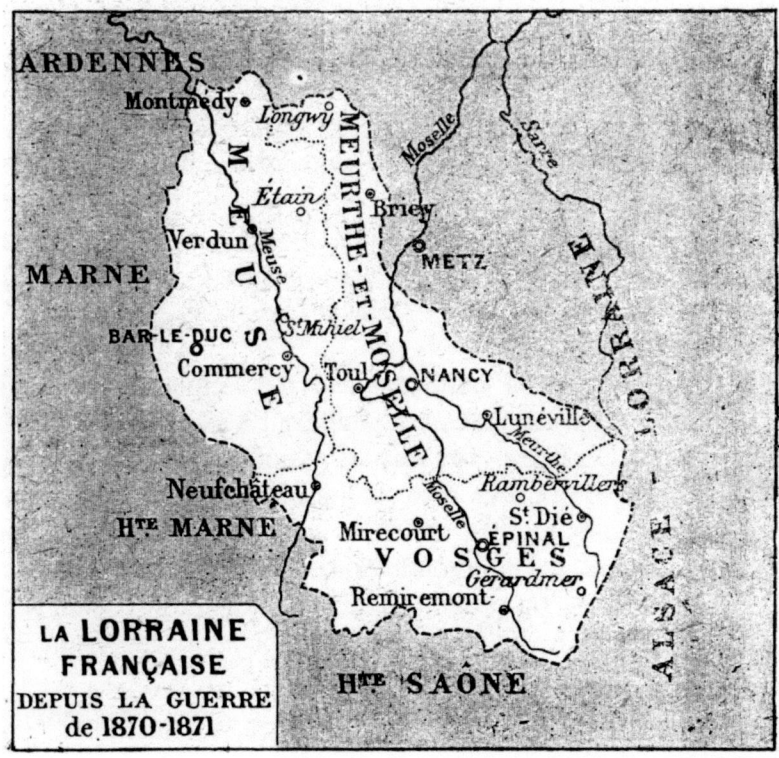

Trois canaux réunissent entre eux les divers centres industriels: le canal de la Marne au Rhin, le canal de l'Est et le canal de la Moselle.

Le résultat de cette prospérité a été, outre l'accroissement de la fortune publique, l'augmentation de la population. À côté de Toul et de Verdun qui gardent leur caractère militaire et qui doivent à l'armée leur prospérité actuelle, Épinal, Remiremont, Saint-Dié, Pont-à-Mousson, Lunéville, Longwy, deviennent des centres industriels de premier ordre. Et Nancy qui, en 1860, n'avait que 40.000 habitants, en compte maintenant 106.000.

Nancy est plus que jamais le centre de la province La vieille ville a gardé en partie son cachet médiéval, les rues y sont toujours étroites et sombres. Mais la ville de Charles III, et celle de Stanislas se sont développées; de larges avenues y font pénétrer l'air et la lumière; un grand jardin public, la Pépinière, attire les oisifs et les promeneurs; de beaux monuments s'élèvent sur les places publiques.

C'est une capitale militaire, avec ses troupes nombreuses et le siège du 20e corps d'armée; une capitale judiciaire par l'existence de la Cour d'Appel; une capitale industrielle et commerciale par le mouvement sans cesse croissant de ses affaires et l'importance de son marché; c'est enfin et surtout une capitale universitaire.

L'Université de Nancy est le foyer où sont venues se retremper, après les désastres de la guerre, les intelligences lorraines : elle a hérité de l'antique prospérité de Strasbourg. Elle s'est appliquée à mettre en valeur les ressources du pays. Ses savants de l'Institut Chimique sont en même temps des hommes pratiques; ils sont les bienfaiteurs de la Lorraine.

En somme, la Lorraine, tant de fois foulée par les armées de toute provenance, compte aujourd'hui parmi les plus riches provinces de France. Son caractère de pays-frontière lui impose des charges qu'elle supporte vaillamment. Elle suit le progrès dans toutes ses directions. Elle peut avoir confiance dans l'avenir; car les Lorrains n'ont pas oublié la vieille devise qui fut celle de Jeanne d'Arc: « Vive labeur ! »

UN FOUDRE LORRAIN

TABLE DES MATIÈRES

PREMIÈRE PARTIE

La Lorraine au moyen âge.

I. Des origines aux invasions barbares	2
II. La Lorraine depuis le commencement du moyen âge jusqu'à la fin du XIIIe siècle	10
III. La Lorraine au XIVe et au XVe siècle. - Jeanne d'Arc	25

DEUXIÈME PARTIE

L'âge moderne.

I. Les grands faits de l'histoire lorraine du XVe siècle à 1789	34
II. Organisation administrative de la Lorraine	54
III. La vie sociale en Lorraine	61

IV. Les lettres et les arts en Lorraine ……………….. 71

TROISIÉME PARTIE

La période contemporaine.

I. Les grands faits de l'histoire lorraine de 1789 à nos jours ……………………………………………………….. 79

II. Changements apportés par le XIXe siècle à la vie de la Province …………………………………………... 94

TABLE DES GRAVURES

****

Carte: Le pays de Lorraine au IIe siècle après J.-C. 1

Ruines de l'Amphithéâtre romain. Grand (Vosges) 4

Cloître de l'Abbaye de Luxeuil (Haute-Saône) 4

Lacs de Retournemer et de Longemer 8

Armes et bijoux Francs, trouvés à Nancy 9

Carte: Le pays de Lorraine au Moyen-Age 12

Mur préhistorique de la Trinité 14

Cathédrale de Toul 16

Vase gaulois des environs de Scarpone 19

Église Saint-Nicolas du Port au XVIIe siècle 21

Sceau de la cité de Metz 24

Bataille de Nancy (d'après DELACROIX. - Musée de Nancy) 28

La maison de Jeanne d'Arc, à Domremy 28

Statue de Jeanne d'Arc, à Nancy. (Par FRÉMIET) 31

Le duc Antoine. (D'après une gravure du temps) 32

Le duc Charles III. (D'après une gravure du temps) 32

Le duc Charles IV. (D'après une gravure du temps) ……	33
Maison natale de Jeanne d'Arc …………………………	35
Les misères de la guerre (d'après J. CALLOT, graveur lorrain) ………………………………………………..	40
Le château de Choiseul, à Stainville (Meuse) …………	40
Le marais où fut retrouvé le corps de Charles le Téméraire …………………………………………….	44
Château de Lunéville ………………………………...	49
Portrait de Chevert. (D'après une gravure du temps) …...	53
Armes de Nancy …………………………………...	54
Château de Bar-le-Duc ………………………………….	57
Hôtel de ville de Verdun …………………………………..	57
Bourgeoise de Nancy. (Dessin du début du XVIIe siècle, - Bibliothèque de l'arsenal) ………………………..	60
Palais des Ducs, à Nancy ………………………………	63
Le vieux Collège à Bar-le-Duc …………………………	63
Église Saint-Pierre et le Musée à Bar-le-Duc …………..	68
Marchande lorraine. (Début du XVIIe siècle. - Bibliothèque de l'arsenal …………………………….	70
Arc de triomphe de Emmanuel Héré …………………...	74
Grille de Jean Lamour, place Stanislas, Nancy …………	74
J. Callot, par lui-même. (Collection albertine du musée de Vienne) …………………………………………….	76
Carte: Trois évêchés, Lorraine et Barrois en 1789 ……..	77

Statue d'Oudinot, à Bar-le-Duc. (Par J. DEBAY)	78
Statue de Ney, à Metz. (Par PÉTRE)	79
Statue de l'abbé Grégoire, à Lunéville. (Par BAILLY) ...	79
Vue de Verdun …………………………………………….	81
Porte de la Craffe, à Nancy ……………………………..	86
La mort du général Marguerite, à Floing. (Par E. TITEUX) ………………………………………………..	90
Metz: Le Moyen-Pont, en l'an 1536 …………………….	91
Le monument de Fontenoy ……………………………..	93
Institut chimique de Nancy ……………………………..	95
Le palais du gouverneur, à Nancy ………………………	95
Les usines métallurgiques de Pompey. près de Nancy ...	96
Carte: La Lorraine française depuis la guerre de 1870·1871 ………………………………………………	98
Un foudre lorrain ………………………………………..	100

****

© 2014, J. Perron

Edition : BoD - Books on Demand
12/14 rond-point des Champs Elysées, 75008 Paris
Imprimé par Books on Demand GmbH, Norderstedt, Allemagne
ISBN : 9782322038541
Dépôt légal : octobre 2014